赫塞格言集

林郁 主編

U0084524

前　言

赫塞講過這樣的話——

　　我死後五十年，在這世界某處仍有人關心我的著作，不管哪一個人從我的作品中，選擇適當的內容視為己有，我也無所謂。但經過五十年後，如果我的作品早已為世人所遺忘，那這些作品就可以不必存在於世了。

　　今日流行、轟動的作品，明天也許被指責；今日擁有新趣味的內容，明後天也許就不是那麼一回事。但活了幾世紀，依然不被遺忘、消滅的作品，我認為其價值，在我們活著的時候，也不可能產生大的變動。

　　赫塞・赫塞（Hermann Hesse 1877～1962），德國詩人及小說家。為牧師之子，生於德國的卡爾夫市。以《鄉愁》、《車輪下》等浪漫作品聞名文壇。赫塞意欲在現代社會中，保存純德國式的內在性與浪漫主義傾向。但他同

時深為內在自我的分裂所苦，因此對東方表達深切的關懷，有意超越小我，進入宇宙大我的世界。其代表作有：《徬徨少年時》、《流浪者之歌》、《荒野之狼》等，均以簡潔的文體著稱。一九四六年獲諾貝爾文學獎及歌德獎。

瑞典學院對頒給諾貝爾文學獎的評語是——

「由於他那些靈思盎然的作品——它們一方面具有高度的創意與深刻的洞見，一方面象徵古典的人道理想與高尚的風格。」

赫塞的作品在廿世紀七〇年代相當受到年輕讀者的喜愛。除了對西方哲學的理解，他的《流浪者之歌》寫的則是東方印度佛陀的故事。他的文筆總有一股淡淡的失落與輕輕的哀愁，讓年輕人趨之若鶩，大受感動。

本書對赫塞的作品做精心的挑選，匯集在您面前。這是一部隨手翻閱，盡是珠璣的美好作品！

前　言／*003*

PART 1　人與人性／*009*

第一節　自我／*010*

第二節　人類／*017*

第三節　天才與英雄／*033*

PART 2　人生與生活／*037*

第一節　人生／*038*

第二節　生活／*049*

第三節　思考與思想／*062*

PART 3　自然與飄泊／*077*

第一節　自然／*078*

第二節　飄泊／*095*

CONTENTS

PART 4　宗教與信仰／*101*

第一節　神與信仰／*102*

第二節　宗教與基督教／*118*

PART 5　愛與幸福／*129*

第 一 節　愛／*130*

第二節　幸福／*149*

第三節　青春與年老／*156*

PART 6　生與死／*165*

第一節　不安與孤獨／*166*

第二節　痛苦與死亡／*174*

PART 7　文化與政治／*183*

第一節　文化／*184*

第二節　政治／*191*

第三節　現代／*199*

PART 8　戰爭與和平／209

第一節　戰爭／210

第二節　和平／222

PART 9　文學與語言／227

第一節　語言／228

第二節　創作／244

第三節　文學／252

第四節　詩人／262

PART 10　藝術與藝術家／269

第一節　藝術／270

第二節　藝術家／278

第三節　幽默與音樂／286

赫塞簡略年譜／291

PART 1

人與人性

第一節

自我

你不可嘗試和別人比較。

如果自然將你作成蝙蝠，

你不可想成為鴕鳥。

你也許把自己當作奇異的人，

責備自己和大多數人背道而馳。

你一定要忘記這件事。

看看火吧！看看雲吧！

如果產生預感，你的靈魂開始向你傾訴——便委身於此。

不要問是否符合父親或上帝的旨意。

否則，反而會毒害你的身心，

使你成為冥頑不靈的人。

——《德密安》

知道我們內在存有了解萬物的本質，

是非常奇妙的事。

——《德密安》

巧妙的言辭毫無價值，

只會遠離自身。
遠離自身是罪惡。
必須像烏龜一樣，整個進入自身之中。
——《德密安》

我們自己是否擁有世界，

和是否意識到所擁有的世界，

其間有很大的差別。

狂人有時也會生發像柏拉圖那樣的想法，

卻什麼意識都沒有。

只要無意識，就是木頭或石子；

充其量不過是動物罷了。

然而，此意識最初的火花只要朦朧出現，

便開始成為人類了。

即使是你，能以兩腳直立走路，

並不是從胎中九個月起，

就被當作人。

在它們之中，有很多是魚、羊、蟲和蛭，

有很多是螞蟻、蜜蜂——就像你現在所看到的。

所以，在它們每個造物之中，

都潛藏著成為人類的可能性。

但必須預想其可能性，

漸漸累積意識的練習，

才能成為人。

——《德密安》

當我們精密地觀察一個人時，

通常都會比他本人更了解他。

——《德密安》

人類的生活，是通往自身的道路，

是一條嘗試的路途、一條暗示的小徑。

不管任何人，都不可能有完全自我的經驗，

但每個人都努力在完成它，

有的含混，有的清楚，

各自適應其本身的能力。

人至死都帶著誕生的殘滓、原始世界的粘液和蛋殼。

沒有成為人，就以青蛙、蜥蜴、螞蟻的狀態活著。

也有的上半身是人而下半身是魚。

但每個人都是自然投往人類之靶的鏢槍。

我們的來歷、母親都相同，

我們都出自同一洞穴。

每個人都朝著自己本來的目標而努力。

我們能夠相互了解，

卻只靠個人自身說明。

——《德密安》

我不過是想從我自己之內生成自然之物，

為何那麼難以達成？

——《希達塔》

畢竟每個人都有他自己的世界，
無法與他人共享。
──《庫奴爾布》

在你之中有個寂靜的場所──一個避難所。
不論何時都可進入裡面，和自身交談。
能夠做到這一點的人很少，
儘管任何人都該做到。
──《希達塔》

大部分人都像被風吹落，
隨風飄舞，掉於地上的樹葉一樣。
但也有與星星相似的人，
他們行走在固定的軌道上，
多強的風都吹不倒他們。
他們本身擁有自己的法則和軌道。
──《希達塔》

父親不只將容貌留給自己的孩子，
甚至頭腦也可作為遺產留下來。
但靈魂是不能轉讓的，
而是以新的風貌賦予每個人。
──《庫奴爾布》

人不管是誰，並非只有自身，

而是和世界諸現象交錯在一起。
但無法重複第二次，
是完全特殊、重要且值得注目的一個點。
——《德密安》

人各有其靈魂，無法和別人的靈魂相混合。

兩人可以並肩而行，依偎談心，

然而其靈魂就像花草般，

被種在固定的地方，

無法走到對方那邊。

如果勉強而行，除了挖出樹根，

別無其它方法。

因此，實際上這是不可能的。

花若想相互交往，

可互相遞送香味和花粉。

可是，花粉要到達適當的場所，

不是靠花本身的力量，

必須靠風載行。

風可以按照自己的意願，

到達任何地方。

——《庫奴爾布》

你像一顆樹、一座山、一頭野獸，

或是一顆星，完全只有你獨自存在。

不論善惡，你都不想成為自己以外的任何人。

——《庫拉因和華格納》

各位每人的胸中，

有一隻且唯有一隻必須傾聽的自我之鳥。

——《瑣羅亞斯德的再生》

當人感到必須確定自己生活的意義時，

不是客觀性地評定自己的功績，

而是自問自己被賦予的本質

能否完全而純粹地表現在生活和行為上。

——《書簡》

所有誘惑中最強烈的誘惑，

是想要追求和本來的自我完全不同，

自己無法達到的模範和理想。

這個誘惑對資質優異的人更加強烈，

比單純的自我主義更危險，

只因為它有高貴和道貌岸然的外表。

——《書簡》

你要盡一切力量，

以使你心中獨特、美妙的本質成熟為目標。

儘量捨棄和人相同的部分，

至少不要相信它，才會覺得快樂，

否則毫無價值。

——《書簡》

每一位少年朋友都曾一度想當車夫、

獵人、將軍或歌德、唐璜之類的人物。

這是完成自然發展、自我教育的一部分，

因為空想可觸及未來的可能性。

但人生無法滿足這些願望，

少年或青年的夢就這樣幻滅。

儘管如此，人們還是反覆地把不適合自己的願望、

動搖本性的要求加諸身上而深自痛苦。

但在這當中，也有內在覺醒的時刻，也會反覆思索。

並沒有一條路能夠讓我們走出自己，進入別人心中。

我們必須帶著自己的才能和缺點涉過人生，

一步一步前進，將自己以前做不到的事逐漸進行。

即使只是片刻時間，

也要毫無疑問地肯定自己、滿足自我。

這當然不會延續太久，但專心努力時，

會感到我們心中最深奧的東西自然地成長、成熟起來。

只有在這個時候，人和世界才會相調和。

——《書簡》

第二節

人類

以前，人類，不論他是誰，

對我而言，總括一句，

還是人類，和我一點關係都沒有。

但最近，漸漸地以作為個體的人類替代抽象的人類，

開始了解，不論多麼麻煩，

它還是有價值的。

——《鄉愁》

人類不是固定、永恆的形成體，

是一種試煉，一座渡橋——

連接自然和精靈的狹窄而危險的橋。

內心深處的法則使他前往精靈和神之處，

切實的憧憬又把它喚回自然和母親的懷抱。

人類的生活就在這兩種力量之間，

不安地交戰、動搖。

——《荒野之狼》

把自己當作一個統一體加以考慮，

是所有人類不得不做的必然要求。

——《荒野之狼》

實際上，自我並不存在，

極單純的統一體也不存在。

那是非常複雜的世界，是一個小天體，

是各種形式、階層、狀態、傳承、可能性的混沌界。

想要以一元性歸納這個混沌，

以單純、確定的形式擁有自我等，

這些使輪廓清晰的意圖，

是不論誰都難以避免的妄想。

事實上，這是必要之事，

和呼吸、吃飯一樣，是生活上所必須的要求。

——《荒野之狼》

即使是未開化的黑人或白痴，

既然是人，

他的本性就不是那麼單純地可用兩、三個要素，

做綜合性的說明。

——《荒野之狼》

智慧是行為，智慧是經驗，

智慧是瞬間之物，並不永遠持續。

——《神學片斷》

誰能夠了解他人。

不！即使對自身，
又有幾個人了解？
——《東方之旅》

他具備人和狼兩種性質，

這是他的命運，不足為奇。

即使現在，

不也是有很多人身上具備著狐、犬、魚、蛇的性質，

而未曾遇到什麼特別的麻煩嗎？

在此情形下，無論人與狐、人與魚，都得和平相處，

不但不互相殘害，甚至還相互合作。

許多因成功而被人羨慕的人，

往往使他們成功的，

毋寧說是得自於狐性和猿性。

——《荒野之狼》

・高更　素描作品

現代人確實不像以前的人，

能知道活在現實中的人是什麼？
每個人都是自然中貴重且無法被取代的個體，
卻可能被厲害的子彈殺死。
——《德密安》

追求權勢者死於權勢；

玩弄金錢者死於金錢；

阿諛者死於屈服；

追求享樂者死於逸樂。

同樣地，荒野之狼為了自由而死於自由。

——《荒野之狼》

所謂「人類」這個概念的定義，

往往是暫時性、市民性協商的結果。

根據此協定，若干極原始的本能被排除、禁止，

而要求少量的自覺、良好的風氣和教化。

這些極為渺小的精神不單得到允許，

而且被視為必要。

根據此協定，「人類」和所有市民的理想相同，

欺騙了自然和精神。

脫離此嚴格的要求，

是毫不妨礙想要位於此兩者之間的一種妥協，

懦弱無知且狡猾的一個嘗試。

——《荒野之狼》

人總希望對自己方便，

而且賦予自己正當的藉口。

——《德密安》

市民是人類社會恒存的狀態。

他們嘗試著在人類行為的極端和對立間取得平衡。

譬如聖人和放蕩者就是一個對立的例子。

人類在精神上可以試著去接近神，熱中於神聖的理想；

反之，也可傾全力耽溺於本能的肉體生活，

求得短暫的享樂。

一方面可以獻身給神，成為聖者、殉教者；

另一方面，又可墮落成放蕩者、肉慾的犧牲者。

市民就是想要在此兩者之間生活，

絕不肯捨身於肉體或成為殉教者。

他們的理想不是獻身而是自我保存，

不想成為聖者也不願墮落。

「絕對」對他們來講，是難以忍受之物。

——《荒野之狼》

人類的行動，

百分之九十九都不是出自合乎理性的思考。

不論是誰都一樣。

儘管非常清楚某種行為的不合理，

卻可能極為狂熱地做下去。

——《戰爭與和平》

所謂「人類」，

不是已經創造完成之物，而是靈魂的要求，
只能在遙遠的未來實現，
而且，途中很可能充滿危險。
——《荒野之狼》

擁有崇高原則的人，
即使沈浸在人生苦鬥的混沌中，
身上沾滿了灰塵和血，
也不會變得卑微，
扼殺心中的神性。
即使迷失於深暗之地，
其心靈深處的神性光芒和創造力也不會消失。
——《那奇斯和歌爾特蒙德》

經常在我們之中而不離去的心中之和平早已不存在了。
由於心中之和平不斷地反覆交戰，
必須天天投入新的戰鬥。
心中之和平就像所有公正的生活一樣，
是戰鬥，也是犧牲。
——《那奇斯和歌爾特蒙德》

絞盡腦汁思考，一點價值都沒有。
人類並非按照思想實行計畫。
實際上，不如說是不經過深思遠慮，
只按照心之所欲行動。
——《庫奴爾布》

在高深的意義上，

瘋狂是所有智慧的開始，
精神分裂是所有技術和空想的開始。
——《荒野之狼》

不管是什麼樣的人，

都不斷地以不可能的事為其目標。

最醜的男子以美男子為理想，

最笨的人以賢者為理想，

最貧窮的人以大富豪為理想。

沒有不把自己當作拿破崙的少尉，

沒有不把自己當作猴子，

把自己的成功視為賭贏的不義之財，

把自己的目標看作拿破崙的幻影之類的人。

——《夢之後》

人類能體驗自身的敏銳感和清新，

只有在極年輕的時候，

至少在十三或十四歲之前。

以後的一生，只能一點一點地品嘗。

——《羅斯哈爾第》

對被宣告死刑、被崩落的山石所困，

好不容易才逃生的人而言，

美或調和又有何用？

——《魔術師略傳》

人類並沒有同一種綱領。

比起意見和我們相同的人，
從公然與我們敵對者的身上，
能得到更大的喜悅，學到更多有益的事。
──《書簡》

人類不是動物。
換言之，人類不是固定模式或已完成之物，
也不是一次或一層意義之物，
而是繼續生長、嘗試之作，一種預感、未來。
對新的形式和可能性而言，是自然的構想、憧憬。
──《戰爭與和平》

人生雖充滿掙扎、煩惱、醜惡，
但除此之外，還有一個東西──
那是人類使自己面對上帝的能力和良心。
良心在我們煩惱和死的不安之中，
在殘酷和罪惡之中引導我們，
從寂寞、無意義的世界中帶出我們。
良心和道德或法律一點關係都沒有。
良心比怠惰、利己心、虛榮心更強，
即使在悲慘的谷底、迷妄的盡頭，
也能顯示出一條敞開的大道。
那不是回返死的世界，
而是超越它，到達上帝之處。
──《關於杜思妥也夫斯基》

人類不論是誰，

即使是禁欲者，
對自身懷疑的人都有虛榮心。
——《紐倫堡遊記》

不管任何人，

都經常在煩惱和絕望的對岸開闢一條

讓生有意義，死也容易的靜謐之道。

有人踐踏自己的良心，

無惡不作，全身沾滿血跡。

結果，深自歉悔自己的迷誤，

而體驗了蛻變之期。

還有一些人，

一開始就和自己的良心保持親密的關係，

他們是少數幸福的聖人。

對他們而言，不管發生什麼事，

只是外部受到侵襲，內心卻毫無所損，

經常保持清明，臉上永遠帶著微笑。

——《關於杜思妥也夫斯基》

「不要說感情無聊、沒有價值。

任何感情都很好、很有益，

包括憎惡、羨慕、嫉妒、不慈悲。

我們都是靠著我們的貧乏、淒美、熱烈的感情而活。

如果不恰當地處理我們的感情，

星光就會消失。」

——《克林古蘇爾最後之夏》

身為人類，我們有個課題，

就是在我們只有一次幸運的個人生涯中，
從動物往人類之路邁前一大步。

——《汝‧勿殺》

就像肉眼看不到的醜物，
譬如一片糞，放在顯微鏡下，
看起來就如同壯觀的星空般——
靈魂不管多麼細微的動作，
不管多壞、多笨、多瘋狂，
在心理學的顯微鏡之下，
看起來也是神聖、虔敬之物。
因為在當中所呈現的，
是我們所知最神聖的東西。
亦即人生的一個例子、一種寫照。

——《療養客》

理性人最懼怕的敵人是死亡，
以及對生活和行為之無常的想法。
他們極力避免想到死亡。
如果無法逃脫此想法，
就從行動之中逃避。
以支配財貨、認識、法則、世界之理性的努力對抗死亡。
他的不死之信仰是進步的信仰。
相信進步是永恆之鎖鍊的一環，
可以遠離完全的消滅。

——《神學片斷》

人類在體驗的欲望之後，

恐怕沒有比忘卻的欲望更強的東西了。

——《東方之旅》

我知道人類是因被黏狀膠質的謊言所包覆，

不像其它自然之物，

從而感到驚訝！

我立刻發覺，我所有的朋友都有相同的現象：

一方面被要求以明確的形象表現出一個活生生的人類，

而實際上，誰都不知道自己的本質。

我自己也一樣，

在證實同一件事時，受到異樣感的撞擊，

而放棄了通往人類之核心的嘗試。

對大部分的人而言，

包覆他的膠質，遠比其它任何東西都重要。

——《鄉愁》

一個人終其一生，

必須永遠是革命家而非保守派。

我雖然非常有節操，

具有堅定的性格、毅然的態度，

但另一方面，

我認為這種態度簡直令人受不了、厭惡和瘋狂，

就好像一個人活著只是為了吃飯或睡覺一樣。

——《療養客》

善良的事已成為不善，

公正的事也成為不正，
人生再也無法忍受。然而，我仍想忍耐下去。
不管多麼痛苦，我還是愛人生。
——《庫拉因和華格納》

有像上帝之胸懷、了解各國文字或幾千年之智慧的人，
即使對自己不是直接有用的東西，
都能賦予美的感覺，
賦予其被欣賞的能力。
對人類之美的喜悅，
以精神和感覺同等程度地參與。
即使處在生活的苦難或危險之中，
也能欣賞自然或繪畫中色彩的揮灑，
海嘯及人類創作的音樂，
也能在表面上的利害或困窮的陰影下，
以涵蓋性的眼光感知世界。
在此世界，從小貓遊戲中擺動的頭，
到奏鳴曲的變調，
從狗可憐的眼神，
到某詩人的悲劇，
所有的事物都有所關聯。
在此永遠流動的言辭中，
使聽者得到喜悅、智慧、笑談和感動。
就這樣，人類就能反覆征服自己的問題，
給予自己存在的意義，
或者至少是統一和調和此混亂世界的預感能力。
——《幸福論》

不管什麼樣的水壺，

如果溢不出來，就不算大。

——《療養手記》

大地上的人不論是誰，

原則上都能和其他人交談；

在此世上，能夠毫無隔閡，

親密傳達彼此意見的人幾乎不存在——

這兩種主張都是真的。

——《玻璃珠遊戲》

從前的大學，

具有浮士德性格的年輕人在其中風起雲湧。

他們張滿了帆，在學問和大學的自由大海中乘風破浪。

但因為放逸的業餘藝術愛好，不得不慘遭海難。

浮士德本身是天才的業餘藝術愛好和其悲劇的原型。

——《玻璃珠遊戲》

從寂靜溫馨的幸福中，

我學到其次的智慧。

亦即，不要取掉與所有事物隔離的毛絮，

不要將日常事物放置於冷酷的光線中。

就像貼著金箔的東西，要悄悄地照料、輕輕地觸摸。

——《關於碧藍的彼方》

古代中國典籍中，

惟「賢人」和印度或蘇格拉底論述中的「善人」屬於同類型。
這種人所具備的力量，
本質上不是準備虐殺別人，而是因虐殺而產生。
——《書簡》

當我們對所有的信仰、睿智開始感到絕望時，
只要追溯賢者走過的路，
知道他們有時也有軟弱無力這種人類的弱點，
確實可說是一種欣慰。
——《對葛鐵的感謝》

虔敬人的信仰和感情的基礎是敬畏。
其中有兩個主要特徵，
即對自然強烈的感受和對超理性的世界秩序之信仰。
虔敬人雖承認理性確有優異的才能，
但不認為理性足以認識，
進而支配世界。
——《神學片斷》

理性人相信進步。
他們注意到現代人比以前的人擅於射擊，
並且可以縮短旅行的行程。
也會發現——無數退步與這些進步相對立的情況。
——《神學片斷》

我幾乎不相信，

成為像狗那樣懶惰、像豬那麼肥胖的享樂者，
是無須造作的。
——《療養客》

我把人類分成兩種主要類型，
即理性人和虔敬人。
——《神學片斷》

理性對自然和藝術經常感到不安，
有時輕視它，有時又對它評價過高。
肯為美術、骨董花巨萬之資，
狂熱地保護鳥類、野獸、印第安人者是理性人。
——《神學片斷》

· 羅塞提，加布利爾　綺想

第三節

天才與英雄

天才和老師之間，

從以前開始，

就隔著很深的鴻溝。

天才在學校裡的表現，

是教授們憎惡的目標。

對教授而言，所謂天才，就是不尊敬教授、

十四歲抽菸、十五歲談戀愛、十六歲出入酒吧、

讀禁書、寫不遜的文章、不時嘲弄老師的壞學生。

老師們希望，

與其在班上有個天才，不如多一些蠢物。

我們仔細想想：確實如此！

教師的任務不是培養突破形式的人，

而是培養出拉丁語通、計算師、愚蠢而可靠的人。

——《車輪下》

天才不管想要在什麼場合出現，

不是被環境所絞殺，
就是克服了環境。

——《歌德和貝多芬》

天才是被過分抬舉的生命，
很容易陷入死亡和瘋狂。
因為天才是懼怕自我生存的不幸之例，
雖是偉大而大膽的嘗試，
但不是自然的圓滿之作。
天才是人世的燈塔、憧憬，
卻又必須窒息於世俗的沈悶空氣之中。
天才生而具有這樣的命運。

——《拜訪諾瓦利斯》

精神上獨立的人，
其異常的命運常惹起後世的關心。
這些人的命運不單是精神史上的天才，
應該視為生物學上的問題。
近世的德國精神史上，
有高貴英挺之姿的是赫爾德林、尼采和諾瓦利斯。
赫爾德林、尼采難耐俗世的生活，進入瘋狂的世界，
諾瓦利斯則回返死的世界。

——《拜訪諾瓦利斯》

所謂天才，

是能夠懷抱愛的力量，渴望表現自我的人。

——《書簡》

天才一方面被眾人認為是人類之花，

同時又在他所到的地方，引起苦難和混亂。

天才常孤立而生，擁有孤獨的命運。

天才不會遺傳，卻總是出現自我放棄的傾向。

——《歌德和貝多芬》

只要走在自己的道路上，不管誰都是英雄。

一生奉行自己應為之事，也是英雄。

縱使只在嘴上談論著壯美的理想，

想要做當時被視為愚蠢或不合時宜之事的人，

也比其它什麼事都不做的千面人還算是個英雄。

能夠因為陳腐、古舊的諸神而高貴戰死的人，

恐怕會給人一種唐吉訶德的印象。

但唐吉訶德是不折不扣的英雄，

全然高貴的人。

——《書簡》

人類的群居精神，首先要求他必須順從。

但最高的榮譽並不是給溫柔之人，

而是賜予任性者、英雄。

——《關於任性》

英雄是超乎個人的產物。

正因如此，我們經常看到，
具有偉大之天賦的人竟然毀於常人都可毫不費力就解決的矛盾之中。

——《關於赫爾德林》

所謂「英雄」，
並非指順從、老實的市民及履行義務者。
只有將自己崇高的天性當作自己的命運者才是英雄；
只有具備了肩負自己之命運的勇氣之人才是英雄。

——《關於任性》

有一件非常奇妙的事——輕視人類任意訂立的慣例，
遵從自身自然之規律的極少數人曾經被宣告有罪，
被人投擲石頭；但時移境遷，
這些人被其他人當成英雄、解放者，永遠受到崇拜。
在萬神廟受人祭祀的，
不是對自己不忠誠的人，
而是選擇捨棄生命的人。

——《關於任性》

PART 2

人生與生活

第一節

人生

人生必須經由分裂和矛盾，
才能開出錦繡攢簇的花朵。
不知陶醉的理性和冷靜到底是什麼？
未能覺知死在背後的喜悅是什麼？
兩性沒有永遠的敵意，
那麼愛又是什麼？
——《那奇斯和歌爾特蒙德》

我喜歡人生所給予的嚴肅深刻的感動，
也喜歡它所帶來的滑稽生活。
——《鄉愁》

重要的是專心一意往自己的目標前進，
而不要和別人的道路相比較。
——《玻璃珠遊戲》

人生是一匹輕快勇猛的馬，

騎在牠身上的騎士必須大膽而細心。

——《大理石工廠》

他突然覺得可以一眼望盡自己截至目前的生活，

那是很久以前就不斷粉碎，

變得細小又無意義的碎片。

他試著回溯自己以往走過的路，

回顧自己全部的婚姻生活，

覺得那條路很長、很煩，

就像寂靜的街道一樣，

只有一個男子全身污垢，

孤獨地拖著沈重的行李。

青春的光輝、被山風吹得沙沙作響的翠綠樹梢，

消失在塵埃的盡頭。

原來如此，他也曾經年輕。

不像一般年輕人，

他擁有偉大的夢想，

對人生和自己有許多期許。

但此後，除了塵埃和沈重的行李、

漫長的街道、酷暑、疲倦的雙腿之外，一無所有。

只有乾涸的胸中埋藏著尚未清醒的陳舊之鄉愁——

那就是他的人生。

——《庫拉因和華格納》

你們自己要努力賦予生活某種意義。

光是適應這樣的努力，
本身就是一種意義。
——《書簡》

我在賭博中看到人生的寫照。

即使在人生中，

也有和賭博完全相同的事，

超越難以查究的道理之直覺給予我們最強的魔法，

釋放出最大的力量。

但此卓絕的直覺一旦麻痺，

就會干涉到判斷力和悟性。

不久，雖然會找藉口加以抵抗，

但其結果必然完全無視於我們的存在。

——《療養客》

我也和你一樣，

毫無辦法、意氣消沈地站在殘酷的人生之前，

而且對我的生活那種一再重複的意義，

抱持著能夠克服這種無意義的信念。

生活是否有意義，不是我的責任。

我自己認為，

如何過只有一次的人生，才是我的責任。

我想，你們年輕人非常想放棄這樣的責任。

——《書簡》

只要有選擇的自由，

從人生中搜出最美之物也不是頂困難的。

——《大理石工廠》

你的義務是成為一個人——

盡可能成為有用、善良，

對自己的能力有自信的人。

你的義務在於成就一個人格、一種性格，再無其它。

你如果在可能、規定的範圍內做得到，

那麼得以顯示自己真正價值的任務自然會降臨在你身上。

在尚未獨立前，幾乎是還不能讀懂書的少年，

就要穿制服，戴帽子，

宣誓自己是某黨的成員，

熱心地參與公眾生活。

這是德國現在的習慣。

他們高聲吶喊拖下祖國，

嘲笑自己和國民；他們每一個都是政治犯，

因為他們怠忽了該做該學的事，

以及成為一個男人所必須學習的獨創性思考

這種當然的義務，卻多管閒事，

一味追求與自己無關的任務。

——《書簡·一九三二年》

「人生是遊戲。因為它美而幸福，所以是遊戲！」

——《東方之旅》

什麼是真實？

人生原是由什麼元素組成？
這是每個人自己應該思考的事，從書本上是學不到的。
——《庫奴俑布》

如同屈膝於悲劇之外觀的人，
事實上也是因為沒有覺察到自我的存在而憂苦、滅絕。
——《秋的徒步旅行》

我們必須過自己的生活。
對我們每個人而言，
這意味著新的自我雖常會遇到困難，
仍有美的存在。
沒有所謂人生的規範，
人生是課以每個人各自不同的一次任務。
所以，沒有生而無能這樣的事。
即使最沒有能力的人，
也能過著真正有價值的生活。
接受給予自身的生活情境和特別的任務，
而且嘗試去實現它，
對其他人而言，
就能擁有某種意義。
這才是真正的人生，
經常綻放高貴的光芒。
——《書簡》

人類的生活必定勝過我所知道的。

若非如此，談論它或在其間生活就沒有任何價值。

——《貝爾特爾德》

恐怕任何人都像被擲的球一樣，

有其一定的飛行軌道，

縱使想扭轉、嘲弄命運，

還是必須遵行早就決定的路線。

總之，命運不在外部，而存在於我們內部。

所以，人生的表面，即肉眼看得到的部分，並不太重要。

我們認為重要，或稱之為悲劇性的，常是瑣碎無聊的事。

人心中感到重要的事，沒有辦法讓別人分擔。

不和自己鬧翻，愛自己、信賴自己而活，

那就任何事都做得到。

——《庫拉因和華格納》

人類不可悲觀地看待自己。

首先要按照原樣接受得自於上帝的才能和缺點，

加以肯定，

而且應該試著發展至最善的境界。

上帝針對每個人施加試煉，

如果我們不接受，

不協力促其實現，

就會成為上帝的敵人。

——《書簡》

我已不再相信任何圖畫，

一幅都不再追求了。
現在我只想回返故鄉。
再踏前一步，就可回到故鄉了。
——《愛麗絲》

「我一嗅到花的香味，
我的心必定重回過往的自我，
以後的事就消逝得無影無蹤。
那絕美和珍貴的追憶與此香味結合在一起。
音樂或詩，有時也是如此。
也就是說，瞬間突然的閃動，
故鄉便出現在腳下的山谷；然後它立刻就會消失，
我也為之忘懷。

．雷諾瓦．彈曼陀鈴的少女

我們過著多麼痛苦的人生啊！

一方面知道人生苦短而空虛，
又同時思索重大的問題。
——《詩集‧報告》

我們為了這樣的目的，
而傾耳蒐求失去的遙遠之音；
為了使思想馳騁，而來到此世。
我相信，在此聲音背後，
有我們真正的故鄉。」

「在你過去的生涯中，
追求了很多東西：名譽、幸福、知識，還有我——
你的小愛麗絲。
但這些東西都只是美麗的圖畫而已，
就像我現在離開你一樣，
全都會離你遠去。
我也擁有這樣的東西，
也不斷蒐求過，
而這些可愛、美麗的圖畫總是凋謝、殞落。
人能深刻體認良善計畫的美和正確，
在心中又有這樣的感覺，
就能革除因循之惡習，
克服所有卑俗、無聊的事物。
——《童心》

人若沒有快樂，

就無法活下去。

——《魔術師略傳》

在人的一生中，從外部眺望自己，

可說是沒有昨日的存在；即使有，

突然發覺到尚未察知的特徵，

是一輩子最難以忘懷的時刻。

自己總認為自己是形體已定，

是永遠不變的存在。

一發覺並非如此，

我們便會悚懼頓升，大感驚訝。

我們從天真的迷夢中剎那間覺醒，

發覺自己在成長，

同時也在退化──在發展的同時也在萎縮。

不管是驚是喜，瞬間，

見到自己在不盡的發展和變化之流中漂浮，

即會有所體悟。

我們非常清楚無常之流，

但通常在自身和自己所抱持的理想上有幾個例外，

因為如果我們完全甦醒數秒鐘、數小時乃至數月、數年，

大概就無法生活下去。

即使可以，也難以忍受生活這種事。

總之，大多數人並不懂得瞬間的洞察及數秒鐘的覺醒。

就像乘坐方舟的諾亞一樣，

守在看不到變化的自我之塔中度過一生，

看到生死之流急速通過，

我沒有優閒度日的智慧。

人生絕不輕鬆。
即使如此，我們也不可斷定人生是否輕鬆。
——《書簡》

人生就像我們的觀念那樣簡單，
不可如可憐的白痴所言那般粗劣。
——《荒野之狼》

人不管是誰，
都是世界的中心，
世界就好像在他的四周任意旋轉。
任何人每天就是世界史的終點和頂點，
他的背後橫亙著幾千年的民族興亡，
而其前方只有虛無、素樸的人。
自己是中心，
看到別人被河流捲去而只有自己站在岸邊時，
會覺得受到恐嚇，
便拒絕接受啟示。
也感到醒悟必須透過現實，
精神是可憎之物，
本能地對處於覺醒狀態的人——
覺悟者、提出問題的人、天才、預言者、神靈附體者——
充滿怒意，以背相向。
——《追憶漢斯》

人生在失去所有的意思和意義之瞬間，

意味最為深長。

——《庫拉因和華格納》

他人和熟人被它席捲而去，

雖向他們呼叫，為他們哭泣，

但自己腳並不離地，只是從岸邊眺望，

從未想要過與他們同流共逝。

——《追憶漢斯》

人生就像深切的悲秋之夜，

偶爾不來一陣閃電，

大概就會令人難以忍受吧！

閃電數秒的明亮，

可除去數年的黑暗，

其所給予我們的安慰和喜悅已足為報償。

——《青春之歌》

因責難而嘆息：「生活無法忍受！」

這是對生命之愛的錯亂反應。

——《追悼克里斯多福‧休連布夫》

第二節

生活

人生短暫。

在此短暫的人生中，

勞苦、策術、浪費，

大多成為無用之物。

在稍微快樂之時、稍微溫暖的夏日與夏夜，

至少要盡情品嘗其樂趣。

——《帖欣》

最好能夠直接體會必須知道的事。

我在兒童時代就學過，

世俗的快樂和財富並不是好東西，

但直到現在才真正體會到。

現在我已了解，不是用頭腦，

而是用我的雙眼、心靈、胃去了解。

啊！能知道這一點真幸運！

——《希達塔》

她最喜歡的是有花、有音樂，

帶著一兩本書在身邊的日子，
於寂靜中等待別人造訪的生活，
世俗的事則任憑自然。
——《愛麗絲》

就像按月訂購的讀者，

只大致瀏覽一下報紙，

就覺得已經了解二十四小時的世界局勢一般，

熱中於享受除了禮拜四之外的報紙。

除了賢明的主筆部分性的預言之外，

對什麼事都沒有發生錯覺。

道德家借格言之力、宗教家借信仰之力、

技工借計算之力、畫家借調色板之力、

詩人借典型和理想之力，

每天每小時將世界之神祕原始林，

以一隅的美麗庭園，

描繪於平面地圖上欺騙自己。

但在這當中，

突然某處堤防崩潰，

或是受到可怕的啟示，

真實以強迫、美得令人懼怕、

讓人毛骨悚然的姿態向自己襲來，

死命地抱住自己，

逃都逃不掉。

——《祕密》

未成熟就摘下的水果，

一點用處都沒有。

——《風景》

暗夜，沒有慰藉的黑暗，

那是每天生活的恐怖之循環。

人為何早上起床，接著飲食，

然後又上床就寢？

小孩、野蠻人、健康的年輕人、動物，

都不會為這種平凡的事和行動的循環所苦惱，

而以早上的起床和飲食為樂，

從中得到滿足而別無所求。

不這麼認為的人則想在每天的步調中

求得片刻真正的生活。

那片刻大概可稱為創造性的剎那，

因為那被視為與創造主合一的情感、

平常被當成偶然的事，

都會令人覺得充滿熱情和欲求。

那就和神祕主義所說的「與神合一」相同。

其它一切瞬間被看作如此黑暗，

是因為這個片刻格外明朗的緣故。

——《青春之歌》

在煩惱的人和厭惡的事之間，

應該實實在在地考慮、擔心各種事情，
使自己的生活方式正正當當。
這非常困難，然而也非常重要。
如果不這樣，又如何生活下去。
——《飄泊的靈魂》

我看到枯葉，經常會感到悲傷，
同時也覺得好笑。
我也像此枯葉一樣，有股衝動，
想脫離苦惱，延長死期，
即使短短的數分鐘也好。
我今天到慕尼黑，
明天又去蘇黎世，
然後回家。
當我問自己：為何用這種方式抵抗？就悲傷起來。
但當我回答：因為這是人生的遊戲嘛！
就笑出聲來。
——《紐倫堡遊記》

他看到世上是那麼悲慘，
而人類卻那麼快樂地生活，
並且在苦惱中有嬉笑聲，
在葬禮的鐘聲裡也聽到孩子的合唱，
沒有一天不感到驚訝。
他越是看到窮困和卑賤之鄰浮現殷勤、
機智、安慰和笑意，
就不能不覺得這世上還是美妙且令人感動的。
——《阿烏古斯托斯》

在名聲中，

沒有什麼成功的希望。
不被嫉妒也不孤立的名聲最甜美。
——《青春之歌》

清晨是清新的時刻，

新的一日之始，

年輕快樂富有衝勁的時辰；

對我而言，卻是無可奈何，

令人生氣、討厭的時候。

清晨和我無法相愛，

它使我的生活變得沈重，難以處理。

醜惡的每一件事都在清晨開始，沈沈地阻擋在我面前。

只有從正午開始，生活才變得可以忍受！

運氣好一點的時候，

到了午後及夜晚，生活就美妙起來。

若隱若現、飄忽的景象似乎融於上蒼柔和的光線當中。

它充滿了秩序和調和、魅力與音樂，

它為不愉快的時辰帶來最寶貴的補償。

——《療養客》

就像光線從鏡裡反射到黑暗的房間中，

我屢次站在現在這個時刻，

想到一些無意義的事。

尤其是已經遺忘的過去那段生活突然閃現在眼前，

令我驚嚇、不愉快。

——《秋的徒步旅行》

在無法入眠的夜裡，總是非常棘手。

但只要想到善，就可忍受。

躺著睡不著，只會生氣、想些不愉快的事。

所以要壓抑自己，只想些善事。

——《美麗的青春》

命運在角落張望，像是有什麼事要發生。

這樣的日子，自己心中的紊亂反映到周圍的世界，

覺得世界好像是扭曲的。

不愉快和不安橫梗於胸懷，

我們任意地在身外探索其中的成因，

覺得這個世界是惡意所造成，

到處都遭到抵抗。

——《童心》

· 普利斯　鋼筆畫

從人生或朋友處所得到的，

比我能夠給人的多，
這可說是我的命運。
　　——《鄉愁》

夜風劃過窗前的樹梢，沙沙作響，
月光照在紅色的石床上。
故鄉的朋友啊！
你們正在做什麼？
你們手上拿著花呢，還是拿著手榴彈？
你們仍活著嗎？
是為我寫懷念的書信，還是誹謗的記事？
朋友啊！你們最好做喜歡做的事。
不管什麼，只要片刻時間也好。
因為人生是多麼短暫啊！
　　——《帖欣》

我曾經想過，
自己努力、堅信的事或許全然無益、愚蠢；
也想過自己的生活雖然非常勞苦，
卻全然正當而成功，
為此感到滿足。
　　——《書簡》

你認為必須思考言外之意。

如果是那樣，你大概也知道，
你所想的事並不可能全部實踐。
這並非好事，因為只有能夠實踐的想法才有價值。
——《德密安》

認為大事面面俱到，

小事大而化之，本就理所當然，

這常是衰敗的開始。

尊敬人類卻虐待僕人，

認為祖國、教會、黨是神聖的，

日常工作卻草率、不經心，

常是組織崩壞的開始。

——《讀某小說》

今天我已非常了解名聲和成功有何意義。

我們今日的名聲，

不是針對人或畢生的作品而被給予，

卻是投注於再版記錄和流行的成功。

昨日一躍而成，

被讀者爭相搶閱的作家，

後天即使再寫詩，

遺憾地並不會受昨天蜂擁而至，

要求惠予合作的同一群編輯所採用，

難免遭到被退稿的命運。

——《拜訪某詩人》

在陰鬱的日子所浮現的回憶，

是美麗、神聖的所有物。

——《波登湖》

要突破自己的生活，

必須一步一步往前進。

就像音樂由主旋律和拍子接連不斷地交替進行，

一曲結束後還有餘韻，

絕不令人疲倦欲眠，

我覺得自己的生活也必須接連不斷，

走過各種場所，

留下餘韻。

——《玻璃珠遊戲》

現實對我而言，

並不扮演那麼重大的角色。

在我心中，

過去和現在經常相同，

反而覺得現在無限遙遠。

我也和一般人一樣，

無法截然區分未來和過去。

也就是說，

大部分時間我都生活在未來之中。

——《魔術師略傳》

我們過著多麼悲慘、寒酸的生活！

啊！我們必須過別的生活方式，
成為別種類型的人，在更藍的天空下，靠在樹旁休憩；
必須自己一個人接近更美妙和偉大的祕密。
——《關於古典音樂》

我不曾愛過世俗的事。
在以名字和記號認識我的人之間生活，
從未有過快樂。
我的生活，不管有多少隱私都嫌不夠。
——《拜訪某詩人》

如果有朋友，
和朋友喝葡萄酒，
一起度過快樂的時光，
不含惡意地談論這奇妙的人生，
那是實際上人所擁有最善的事。
——《青春之歌》

我大抵都和有魅力的朋友在一起，
有時和小鳥在一起，
有時在花和蝴蝶的地方。
到了晚上，就喝上等白蘭地。
——《書簡》

人不可後悔

走出去的步伐、失去的東西。

——《故鄉》

故鄉的街道對我而言，

現在仍是街道的原始形態和典型。

還有，那裡的人和歷史

也是所有人類的故鄉和命運的典型及原始形態。

我知道，在異鄉有新的事物、

小巷、門庭、老人、家族等，

但這些新的事物對我而言，

真正能讓我感到生氣勃勃的

是附隨於那些讓我回憶起故鄉和從前的事。

——《摩爾先生》

步行在九月的草原，

蒐尋伊奴撒弗蘭，終於找到一朵。

在它前面還有一朵、兩朵……突然發現很多，

超過一百株的伊奴撒弗蘭。

回憶也一樣，想要蒐尋時，

什麼都找不到；等到發現最初的一、兩個，

突然就出現數也數不盡的回憶，

就像鳥群一樣，被它們層層包圍住。

——《歐伊根·吉格爾》

我們將所犯的罪擱下，

在短時間內不再累積新罪，

豈非可喜可賀？

——《療養客》

失戀的創痛，

使我養成喝酒的習慣。

酒，對我的人生而言，

比任何事物更具重要的意義。

強烈而甘美的酒神成為我忠實的朋友，

直到現在也沒改變。

有什麼力量比酒神更強大，

比酒神更美妙、更具有幻想力與熱狂？

有什麼比酒神更樂觀、更了解憂愁？

他是英雄、是魔術師；

他是誘惑者，是羅斯神的兄弟。

他能化不可能為可能，

使哀苦的人心充滿美妙的詩篇……酒就是那樣的東西。

但酒也有與其它高貴的賜物和藝術相同的地方。

酒是大家所喜愛、需求、理解，

勞苦之後所要獲得之物，

但能夠做得到的人並不多。

酒也毒殺了許多人，

促使人衰老，

扼殺或消滅胸中的精神熱燄。

但它每每為赴喜宴的寵兒，

搭一座通往幸福之島的虹橋。

——《鄉愁》

我們都知道夢如美酒，

誘人而甘美。

所以，別互相破壞彼此的美夢。

——《克林吉蘇爾最後之夏》

比名聲、美酒、戀情和知性，

更能給我尊貴和幸福的是友情。

改掉我生而具有的憂鬱性格，

沒有浪費青春時代，

而能像朝陽般生氣勃勃，

只有友情才做得到。

就是今天，我仍認為，

除了男人之間那種諷嘲、高尚的友情之外，

世上什麼都不存在。

而在寂寞的日子，

能像鄉愁般讓我回憶起青春時代，

完全是拜學生時代的友情所賜。

——《鄉愁》

第三節

思考與思想

不管什麼樣的真理，

其反面也是真理。

不管什麼樣的精神立場，

都是一個極端；

而另一個極端，

同樣也精彩絕倫。

——《關於讀書》

將某個真理反過來看，

常會覺得那其實也不錯；

將心中的某幅畫倒掛片刻，

也會覺得那還不壞。

如此一來，思考就變得容易、迅速，

而我們的小舟就能輕輕地滑行於浮世之中。

——《威廉·謝發的一個主題的變奏曲》

精神的法則和自然的法則，

同是不變之物、不可廢棄之物。

——《書的魔術》

精神只有順從真理時才有益、才高貴。

背棄真理、捨棄畏敬之念，受金錢賄賂，

精神就會成為潛在性的惡魔稟性，

比動物式本能的野蠻性還要壞。

因為在野性中，仍殘留著幾分自然的天真。

——《玻璃珠遊戲》

我不認為精神是永恆的生命，

反倒是永恆的死亡、僵硬、不可捉摸之物。

亦即必須捨棄其不死性，

才能得到有形體的生命。

為了能夠得到生命之物，

必須使黃金成為花，精神成為肉體、靈魂。

——《療養客》

精神乃固定、已形成愛之物，

其記號是追求可信賴的事。

愛的不是生長之物而是存在之物。

精神不能生在精神之中，

精神只有違反自然、成為自然的反對物才能生存。

——《那奇斯和歌爾特蒙德》

人類的思考有其界限，

即使極有思想和教養的人也常戴上非常單純而不正確，
像公式般的眼鏡，觀察世界和自己。

——《荒野之狼》

認為感覺性之物欠缺精神，

必須取得補償，是高估了它。

感覺性之物並不比精神有價值。

反之亦然。

一即萬物，萬物即一，

萬物皆善。

你想擁抱女人和想寫詩，

是相同的一件事。

只要是重要的，

只要是充滿愛、熱情和感動的，

不管你是阿圖斯山頂的修道士或巴黎的敗家子都一樣。

——《克林古蘇爾最後之夏》

在老年和青春、巴比倫和柏林之間，

在善和惡、給和取之間唯一之物，

以及使充滿差別、評價、苦惱、鬥爭和戰爭的唯一之物，

是人類的精神。

人類的精神產生對立，創出名稱。

稱某些東西為美，某些東西為醜；

說那是善，這是惡；

生的一面稱為愛，其它一面稱為殺人。

——《庫拉因和華格納》

與真理相反的同樣也是真理。

換言之，真理能夠用美麗的言辭，
做片面的掩飾。

——《希達塔》

我們總是把個性的界限縮得非常狹窄，

以屬於個體的質性，

枚舉出與他人不同的地方。

但不管我們是誰，

都是由構成整個世界的要素而來，

並且我們肉體的進化圖可以追溯到魚類為止，

甚至達到更遠之處。

同樣地，我們的精神也包含

過去的人類之精神中所產生的一切。

——《德密安》

為了學習愛真理，

把真理當作生命中不可欠缺的要素，

必須具備非常之覺悟。

因為人類不管怎麼說，

都是被造物，

完全與真理為敵。

所謂實際之真理，

並非人類所希望，

因那經常是冷酷無情之物。

——《追憶漢斯》

如果說保存現狀是正常的工作，

那麼不使揭櫫的理想殞滅就是「精神人」的任務了。
人類的生活就是在保存既有物和放棄既有物，
展開新的追求，這兩極之間演進。
——《關於任由思想馳騁》

所有一切都是——你的兄弟姊妹；
浸透你心靈的角落，不要有人我的分別。
一星、一葉不能單獨掉落，
你必須和星、葉一起殞滅，
和萬物一起再次回顧——一切的剎那。
——《格言》

如果某件事是真理，
那麼與此相反的必然也是真理。
因為所有真理都是從某一方面
對世界觀察所得到的簡潔公式，
沒有所謂不對立的存在。
——《威廉‧謝發的一個主題的變奏曲》

我在此世最相信的，
是比其它一切觀念都要神聖的統一觀。
亦即整個世界是神性的統一，
所有苦惱、罪惡的根源，
一個個並不難從自己身上解除。
這是一種重視自我的觀念。
——《療養客》

我非常喜愛的德行只有一個，

它的名字叫「任性」。

——《關於任性》

我在各種事物背後所看到的統一，

不是無聊、灰色、思想性、理論性的統一。

那是真實的生命，

充滿遊戲、充滿苦痛、充滿笑意；

那是濕婆神將世界踏成微塵的舞蹈，

和其它各種象徵的描繪。

它不拒絕任何描寫和比喻，

你隨時都可進入其中。

在你毫無所知的瞬間，

在你脫出因循的瞬間，

由於你的愛和獻身，

使你屬於所有神祇、所有人、所有世界、

所有時代的瞬間，它是你的。

在這些瞬間，

你可同時體驗統一和各種事物，

你可以看到佛陀和耶穌從你身旁通過，

可以和摩西對談；你的肌膚感覺得到錫蘭島的太陽，

你的眼睛可以看到極地的凍冰。

——《療養客》

「智慧」原是什麼？

永恆的探究之目標又在哪裡？
在生活的漩渦中，除了隨時追求「統一」之思，
感覺、呼吸「統一」之氣息外，別無它物。
——《希達塔》

你們難道沒有在心中隱約地

感到自己是否正在做正當的事？

沒有夢過在理性和秩序支配下，

人類相互寬容、快活地過著那種美妙的生活？

沒有想過世界是一個整體，

崇拜那個整體，奉獻出愛，

是一種幸福、解救？

——《某個星球來的不可思議之信息》

· 梵谷　悲傷

我們內在靈魂所希望的東西，

不受任何事物所阻撓。

——《德密安》

古代印度人雖是受難、冥想、懺悔和禁欲的民族，

但其精神最後所展現的是明朗、華麗。

克服現世者和佛陀的微笑，

以及出現在深刻之神話中的人都是明朗、華麗。

這些神話所描繪的世界，

最初以神聖，充滿幸福、光輝、美麗的黃金時代開始，

然後這個世界生病，逐漸衰弱、野蠻而悲慘，

在舞蹈的濕婆神踐踏下，逐漸下沈，毀滅。

但並沒有就這樣結束，

重新以夢幻的維斯奴神之微笑開始。

維斯奴以他輕柔的手，

創造出嶄新、年輕、美妙和光輝的世界。

——《玻璃珠遊戲》

所謂學問，就是專心致志於發現差異。

此外，再也沒什麼可說明學問的本質。

對參與學問者而言，

沒有比察明相異處更重要的事了。

學問就是識別之術，

譬如發現某人和其他人不同的特徵，

亦即認識某人。

——《那奇斯和歌爾特蒙德》

只要一次就好，以偉大的信念，

將自己委諸命運之手者，就可獲得解放。

他已不用遵從地上的法則，而升入宇宙，與群星共舞。

——《庫拉因和華格納》

我開始覺得，真正有趣和值得，

能讓我們的心充實、投入的生活不需外求，

它就在我們心中。

我原不了解這些，

直至讀到有此感覺的哲學家所寫的書，

開始浸透於喜歡自由思索之詩人的心中。

這才是我的路，朝向我本身的路，

此外再也沒有我必須前進的路。

我不知道這種狀態、生活方式是否比其它道路卓越，

我只知道這樣的狀態、生活方式，

對宗教和詩人而言，是絕對必要的。

——《世界史》

不管邏輯或正義，

在外表上無可厚非，符合法則者，

全都是人類的仿造品，在自然中並不存在。

神所預定的事，

亦即人類所謂的偶然，

那才是真正的法則。

——《貝爾特爾德》

所謂感恩，

不是我能夠信賴的德行。
以此要求小孩，更是大錯特錯。
——《德密安》

所有小孩，只要是屬於自然之祕密的一部分，
在其靈魂中，只有一件重要的事，
亦即不斷忙碌地為自身及周遭世界
和他們獨自存在的個體，
那種難解的關係而生活。
——《愛麗絲》

地上所有的現象皆是比喻。
一種比喻是一道被開啟的門，
一旦準備好了，靈魂就能通過這道門。
你、我、白晝、黑夜、所有萬物，
都可進入統一的世界內部。
這道被開啟的門，在我們一生中隨處出現。
所有人類曾經看到的一切都是比喻，
那個比喻之後，是精神和永恆之生命的棲息處。
當然，因通過此門而進入內在世界，
捨去美麗之外貌的人，實在微乎其微。
——《愛麗絲》

克服時間，擺脫現實。

此外，你們任意賦予名稱的憧憬，
只不過是你想掙脫自我個性的希望。
你本身已成為你的牢獄。
——《荒野之狼》

人類無法同時行動和冥想，這自不待言，
就好像醫生不必特別證實人類無法同時吸氣和吐氣一樣。
所謂人生，就是做完一件事後，緊接著再做另一件，
很有節奏地在兩極之間搖擺。
最近二、三十年，
我們實際上已發現因緊張的行動而輕視觀察的結果，
那就是崇拜空虛的力學；有時甚至讚美危險的生活，
亦即導向希特勒和墨索里尼的思想。
所以，行動是吸氣，觀察是吐氣。
沒有同時擁有這兩項的人，不能算是完全的人。
——《書簡》

昨天我遺失了一把刀。
當時我覺得，
對我的哲學和命運的覺悟，
站在多麼脆弱的基礎上。
因為那小小的遺失物使我悲傷，
同時我又笑沈溺於那種感傷的自己。
我忘不了那把遺失的刀。
——《遺失的刀》

並沒有單純在外或單純在內的事物。

因為在外的同時也是在內的。

——《關於歐洲的沒落》

所有苦惱不都是從「時間」而來的嗎？
所有自我折磨和恐懼不都是在時間裡嗎？
如果能克服「時間」，擺脫時間的觀念，
不就可以克服世上所有的困難、所有的障礙了嗎？

——《希達塔》

包圍我們的機械世界和野蠻且貧乏無生氣的空氣，
使我們窒息。
但我們無法使自己從全體分離，
那是我們屬於這世界命運的一部分，
我們的使命和試煉，應該樂而受之。
我們不覺得這個時代的理想只有一個，
但相信人類是不死的。
人類可以從所有的歪曲中再次痊癒，
可以從地獄中再次淨化。
我們不能掩蓋住人類的靈魂正瀕臨危機、
即將沒落這件事，
但我們也不許掩蓋住相信靈魂不死的思想。

——《詩人的使命》

在今天，

有約束力的一般性道德幾乎已消滅殆盡。
但從陋習中解放出來者，得不到內在的自由。
——《書簡》

我認為，虔敬才是我們能夠擁有的最善之美德，
比一切才能還有價值。
所謂虔敬，並非個人的靈魂中所培養的嚴肅之感情，
而是對整個世界，
對自然，對人類畏敬、尊崇的心情，
自己也是其中的一員，
必須分擔其責任的感情。
——《書簡》

・高更　黃色的基督

所謂象徵，不論什麼樣的象徵，

都有百種以上的解釋，
而且每種解釋可能都有其道理。
——《關於卡拉馬助夫兄弟》

將美麗的小竹園帶入世界之中，確實辦得到。
但園丁是否能將世界建立在自己的竹園中，
我覺得，這似乎是個問題。
——《玻璃珠遊戲》

你還是沒有覺悟到什麼事被允許，
什麼事被禁止。
不論是誰，被自己禁止的事，
必須由自己發現。
不做被禁止的事也可能是大壞蛋。
反之也一樣。
那原是非常單純的問題。
不想自己思考、自我裁奪的人，
就遵從世上一般的禁制，
因為那樣比較輕鬆。
也有人感到自身中的規律。
對那樣的人，
卻允許做高尚的紳士平常被禁止和普通人所嚴禁的事。
總之，我們對自身必須負責。
——《德密安》

在我們滑稽、複雜而奇怪的道德上，

在某種德行給予其擁有者利益和快感時，
總會被人以懷疑的眼光看待。

——《關於任性》

不能不相信善、善的意義和其全部的價值。

善是很難破壞的東西，

和惡、卑俗同樣，

它確實存在，

而且正在發生作用。

但這是否可以稱為「勝利」？

不！像吹奏勇猛的喇叭一樣，

必須靠年輕人才行。

——《呼喚過去》

PART 3

自然與飄泊

第一節

自然

大多數的人嘴上常說：「喜愛自然。」

那只意味著：有時也不拒絕欣賞自然所提供的樂趣。

到戶外去，以欣賞地上的美景為名踐踏牧場，

最後竟攀折很多花朵、枝椏，

立即棄置於途，或是帶回家中任其枯萎——

他們以這樣的方式喜愛自然；

而星期日天氣晴朗時，

就想起這份愛，又一次讚許自己善良的心。

——《鄉愁》

在河川的祕密中，他今日僅知一種。

它緊握住他的靈魂。

他看到的是流動不絕的水，

而且常在那裡，不管什麼時候都存在著，

並且時時更新。

——《希達塔》

對我們的靈魂而言，

沒有比微明的刺激更能帶來收穫。

——《關於日記》

就像花有虛幻的美，

黃金有不變的單調，

自然界生命的一切運動都是虛幻的美，

精神則是不變的單調。

不管是自己或別人的一生，

經常回顧這件事，

與秋天相應和。

歷史的秋景，

回憶也是秋情。

——《秋的體驗》

從小開始，我總喜歡凝視大自然的奇形怪狀。

那不是觀察，而是投注於其獨特的魅力，

以及其所顯示的曲折深僻之言語中。

長而木質的樹根、彩色石頭的條紋、

浮在水上之油的花樣、玻璃的裂縫——

這些東西對我而言，

有時具有很大的魅力；

尤其是水、火、雲、塵埃，

這些閉上眼睛都看得見的有色漩渦。

——《德密安》

「你是詩人啊！」少女說。

我皺了一下眉頭。

「我說的不是這樣的意思。」

她繼續說：「不是因為你寫小說，

而是因為你了解自然、愛自然的緣故。

樹被風吹動的沙沙聲、太陽映照下的山峰，

像這類事，對別人沒有什麼意義，

可是對你而言，

其中存在著能夠與你一起生活下去的生命。」

　　　　　　　——《鄉愁》

・梵谷　夜的咖啡屋

一朵花或路上的一隻蟲，

比圖書室中所有的書，
蘊含更多的內涵。

──《那奇斯和歌爾特蒙德》

我要寫一部大傑作，

告訴今日的人類，

偉大而沈默的大自然之生命，

並且希望他們能愛它，

要他們聆聽大地心臟的鼓動聲，

參與渾然一體的生命。

在自己微不足道的對命運之抗爭中，

我們本身不是神，

也非自己所創造，

而是大地和宇宙渾然之物的一部分。

我要讓人類想起像河川、大海、流雲、山風、

詩人之歌或我們每夜的夢一般，

那個憧憬的象徵以及責任的承擔者；

那個憧憬展翼於天、地之間，

以擁有確切不疑的市民權和不滅性為目標，

是所有生命的內在核心，

它確實擁有市民權，

是神的寵兒，

沒有任何不安而憩息在永恆之懷中。

與此相反，

寄居在我們心中的所有邪惡是病態、墮落之物，

它反抗自然而相信死亡。

──《鄉愁》

群山聳立空中，

山谷間寂靜無風，

白樺樹微黃的葉片從枝椏間滑落，

小鳥結隊掠過晴空。

這些情景對我而言，

總是不可思議、難以理解，

比日常或人類精神的所有問題和行為更令人迷惑。

只要看到這些景象，

被永恆之謎輕易掌握而深以為恥的人心，

或在敘述平常難以說明之事時的傲慢態度，

都會予以捨棄，

而且不是屈服於它的神奇，

而是以感謝萬物之心接受，

謙虛而榮耀地自覺是世界的遊客。

──《秋的徒步旅行》

山、湖、山風和太陽都是我的朋友，

教導我各種事物。

長久以來，我不但喜歡人類的命運，

也已極其熟悉。

但比起輝耀的湖光、悲涼的銀松、日光映照的山岩，

我更喜歡浮雲。

在此廣大的世界，有比我更了解或更愛雲的人，

希望能一睹其芳采。

或者，在此世界，有比雲更美的東西，

希望能展現在我眼前。

雲的遊戲是眼睛的安慰，

祝福是神的賜物，

生氣是死的力量。

雲可形成幸福的島形、祝福天使的身姿；

也和威脅的手相似，

或像飄揚的帆、飛渡天空的鶴。

雲處於神住居的天和淒涼的大地之間，

隸屬於天、地，被喻為所有人類的憧憬。

大地之夢，想和洗淨污濁之心的天相配合；

雲是所有的飄泊和探取、欲求和鄉愁的永恆之象徵。

就像雲在地和天之間游移、徘徊，

人類的靈魂也在有限和永恆之間游移、徘徊。

——《鄉愁》

我站在山崗上眺望浮雲，

白雲悠悠，有的迅速飄過來，

有的如泅泳，有的舞姿曼妙，

簡直像奇蹟一樣。

或許它是神的口中吐出的言語或歌曲，

還是撫慰人心的笑語。

雲嚮往著遙遠的世界，

在冷冽微藍的天空飄蕩而行。

那比書本所記載的任何歌謠還要美、還要動人。

　　——《關於歲暮》

看吧！在天空描繪條紋花樣的雲彩，

第一眼看到時，總認為最黑暗的地方即最深的地方。

但那黑暗而柔軟之處完全是雲，

宇宙的真正深度從雲脈的邊緣和彎曲之處開始，

沈入無限之中。

我們立刻可以發覺，其中有許多星辰，

對我們人類而言，是澄澈和秩序的最高象徵，

正嚴肅地輝耀著。

世界和其祕密的深度不在雲的黑影之處，

而在澄明之處。

　　——《玻璃珠遊戲》

《雲》

雲啊！在天空飛翔的雲啊！

你是沈靜的水手，

是色薄彩淡的面紗，

不住地搖晃我的心。

從碧空湧現的華麗世界啊！

你充滿神祕的魅力，

屢屢攫住我的心。

拋棄地上所有的事物，

輕柔透明的泡沫，

你是否也被罪惡

污染，此大地的美麗鄉愁之夢。

《白雲》

啊！看啊！白雲仍飄然浮行於碧空。

就像優美的歌謠那難忘的輕快曲調，

那雲的心，在漫長的旅途中，

必然懇切地嘗盡飄泊的悲與喜。

我喜歡捉摸不住的白色之物，

就像──太陽、海和風一樣。

因為那是難耐鄉愁的姊妹，也是天使。

樹對我而言，是叫我最感謝的說教者。

我在為形成國家或家族及培育森林而活時，

尊敬樹；一個人獨處時，更尊敬樹。

樹像孤高的人，

它不是懦弱逃世的隱遁者，

而是像貝多芬或尼采那樣偉大孤立的人；

在那樹梢，世界沙沙作響，

其根柢則憩息於無限之中。

但樹不會在當中迷失自我，

不只如此，還以生命中所有的力量，

實現寄寓於自身的法則，

完成自己本來的身姿。

那麼美麗堅強的樹，

只有神聖可以規範。

樹是神聖之物。

懂得和樹交談、聽樹呢喃的人，

就了解真理。

樹不談論教義或處方，

也不受個別事件所掌握，

只談論生的根本法則。

在我悲痛欲絕時，

樹大概會對我這麼說：

「冷靜吧！看看我，生存雖不輕鬆，

但也不是很困難。

你那種想法是幼稚的。

你可以向你心中之神傾訴。

如此，那樣的想法就會沈默下來。

你是否正擔心你的路途遠離母親和故鄉？

但我正一步一步、一天一天，

再一次把你帶回母親身邊。

故鄉不在哪個地方，

它就在你心中。

除此之外，它不存在於任何地方。」

——《飄泊的靈魂》

我愛任何東西，

尤其是這條河。

有時我傾聽，

有時看那隻眼睛看得出神。

我總是向它學習，

從河川中學到各種事物。

——《希達塔》

更能深深觸動我的心的是樹木的丰姿。

我看到每顆樹都過著孤獨的生活，

都形成獨自的形態，

映照著獨特的影子。

它們是與山密切相關的隱士和戰士。

因為任何一顆樹，尤其是山上的樹，

為了生存、生長，

必須和風、天候、岩石做沈靜的長期苦戰。

每顆樹都緊緊支撐自己的體重，

因此才有獨自的形體，

承受獨特的傷痕。

其中有些銀松被風侵襲，

只有一側生長樹枝。

有的樹幹像蛇一般糾纏在突出的岩石周圍，

和岩石相互緊抱，支撐。

他們像戰士般凝視著我，

喚起我畏懼和崇敬之心。

——《鄉愁》

《我是星辰》

我是蒼穹中一顆星辰，

凝視世界、嘲諷世界。

我是燃燒成熱火的星辰。

我是夜夜洶湧的大海，

累積新舊罪惡，

因犧牲之重擔而悲傷的大海。

我是被你們世界所放逐的人。

被誇耀培育成長，

被榮譽欺騙，

沒有王國可統治的王。

我是難以言喻的熱情，

在家無灶、在戰場無劍，

被自己和自己的力量苦惱的人。

朋友！河川有很多聲音。

那是王者之聲、戰士之聲、

牧牛之聲、夜鳥之聲、產婦之聲、嘆息者之聲。

此外還有無數聲音。

若能同時聽到此河川中幾萬種聲音，

那大概便是河川所發出的言辭吧！

——《希達塔》

《散步》

紅色枝椏的松樹啊！

銀色優美的白樺啊！

默默而立的山毛櫸啊！

告訴我，

你們是否也有煩惱？

聽著蜜蜂之歌，

散著微香的花啊！

你們是否日日生活在黑暗與不安之中？

在蝶類之中，有種蛾雌的比雄的少很多。

你如果抓到一隻這種雌蛾，

一到夜晚，雄蛾就會飛來，

而且是從需要飛行數小時的地方而來。

請想想看，是從那麼遠的地方來嘞！

所有的雄蛾，在數公里外之處，

都可嗅到那隻雌蛾的氣味。

雖想試著用各種方式說明，卻相當困難。

在自然界中，到處都有這類事物，

而且任何人都無法說個清楚。

——《德密安》

我看到森林，想買它、砍伐它。

在森林打獵或抵押森林借錢時，

所看到的不是森林，

只是我的企圖、計畫、考慮、錢包等和森林之間的關係。

此時，森林只是由樹木而生，

有年輕的、年老的、元氣旺盛的及柔弱的。

但當我對森林不拒絕任何希望時，

「思想沒有妨礙」，所看到的是綠色的殿堂。

從此時開始，

森林是森林、是自然、是生存之姿、是美麗的存在。

──《關於靈魂》

．梵谷　阿魯爾的寢室（一八八八）

我越發貪婪地窺探事物的深奧處，
聆聽風吹葉動的複雜聲響，
傾聽滑落山峽的溪流聲，
靜聽沈靜的大河悠然地流過平野。
我知道這些聲音是神的言語，
如能了解這隱晦、具有原始美的言語，
就可再次發現樂園。
這樣的事，書上幾乎沒有記載，
只有在《聖經》中
才可看到被造物「難以言喻之歎息」這類可驚歎的言語。
但我認為，不管任何時代，
總有和我相同的人，
醉心於不可理解之物，
放棄了日常的工作，
以尋求靜寂的生活，
專心傾聽創造之歌，
觀察雲的飄浮，
懷著無盡的憧憬，
把祈禱之手伸向永恒。
這些人大致上是隱士、贖罪者或聖人。

——《鄉愁》

農夫的生活雖充滿勤勉和勞苦，

但其中沒有焦躁，

也沒有本來的愛苦，

因為這種生活的根本是虔誠，

是對隱藏於地、水、空氣中的神性，

亦即對四季、植物、動物之生命的信賴。

　　——《帖欣的秋日》

從往常之日起始，

只以大地和大地上的動植物為對象的人，

一向培養不出處世的能力。

遺憾的是，就是現在，

在夢中，也覺得自己愛戀純動物性的生活。

這是毫不含糊的證明。

亦即，我經常夢到自己變成動物，

隨意躺在海濱，大都化身為海豹，

而且有說不出的愉快。

夢醒後，卻一點也不覺得快樂、驕傲，

只有悲哀。

　　——《鄉愁》

我所熟知、被不安攫住的靈魂啊！

你不一定可回到生長的故鄉，

而且你沒有食物、飲料，

也欠缺睡眠。

在這裡，只有環圍你的海浪聲。

你是波浪，也是森林，沒有內外之分。

你化身為鳥在空中飛翔，

變幻為魚在海裡泅泳。

你吸收光亮，又是光本身；

品嘗黑暗，又是黑暗自己。

——《夢的書卷》

第二節

飄泊

難道沒有狂暴激烈地冒所有破滅的危險，

去追逐金錢、男歡女愛、王侯之恩寵的人嗎？

同樣地，我們在旅途中的憧憬，

是想體驗緊緊抓住大地之母的感覺，

而與大地合而為一。

——《關於旅懷》

我的生活沒有中心，

在許多正極和負極之間搖擺。

一方面想留在家中，

另一方面又對旅行充滿憧憬；

一方面想尋求孤獨和修道院，

另一方面又被愛和俗世所吸引。

——《飄泊的靈魂》

你是不是對你的故鄉不滿足？

是不是知道有更美、更豐沃溫暖的土地，

為了追尋、憧憬而步上旅途？

你飄泊到更美、陽光更普照的外國，

你的心胸為之擴大。

溫和的天空包覆著你嶄新的幸福。

現在，那邊是你的樂園。

但隔不了多久，

在你最初的喜悅和珍愛消失後，

登上高山找尋你故鄉之方向的時刻就會來臨。

那時候，你就會體悟出，

原來故鄉的山丘是那麼柔軟、青蔥。

那裡有你童年嬉戲的屋宇、庭園，

那裡飄蕩著你青春時期的神聖之思，

而你的母親也長眠在那裡。

——《關於碧藍的彼方》

就像一天是在早和晚之間度過，

我的生活也在對旅行的衝動和對故鄉的憧憬中度過。

——《飄泊的靈魂》

《枯葉》

被風颳起，飄過，

我面前的枯葉啊！

有流浪，有年輕，

有愛，也有結束。

那葉隨風任意迴旋，

終於止於森林或溝渠之中。

我旅途的終點將止於何處？

《越過原野》

雲行越過天空，

風吹越過原野。

我母親的遊蕩兒，

飄泊越過原野。

落葉飄舞越過小徑，

小鳥高鳴越過林間。

為何不越過山嶺，

尋求我遙遠的故鄉？

「你到底想做什麼？

這是我想知道以及經常思考的一件事。

如此，你的生活當然過得不愉快。

你必定是想成為詩人，

希望能夠絕美地表現出你所擁有的幻思和夢想。

你是在世界上飄泊吧？

所有的女人都愛你吧？

但你仍然是一個孤獨的人。」

——《那奇斯和歌爾特蒙德》

「你非常漂亮，看起來很開朗。

但你眼睛的深處只有悲哀，沒有開朗。

你的眼中簡直看不到幸福，

好像知道美麗、摯愛的事物不會長久

停駐在我們跟前一樣。

你有世上最漂亮又最悲哀的眼睛。

我認為那是你沒有故鄉的緣故。

你從森林而來，不知何時又要離去。

你躺在苔上而眠，毫無目的地漂泊。」

——《那奇斯和歌爾特蒙德》

真正的旅懷，

和想從所有事物、人類、現象中求得解答的危險欲望相同，

是把世界放在自己頭上的無畏之思。

——《關於旅懷》

《飄泊的途中》（回憶庫奴爾布）

毫無悲傷，就要夜幕低垂。

在青帷蔽覆下的原野上，

冷冽的月亮上升。

是否正在竊笑？

那麼，讓我們牽手休息吧！

毫無悲傷，就要休息了。

兩支小十字架，為了我倆，

伴佇在明亮的路旁，

然後下雨、降雪，

風來又飄去。

你不是正直的市民，

也不是希臘人。

你無法與人調和，

也支配不了自己。

你是暴風中的鳥，

被風吹得兜轉不休。

——《飄泊的靈魂》

我想成為詩人就成了詩人；

我想要一個家，就建立了家園；

我想要妻和子，就得到；

我想和人們交談、工作，就能實行。

但是，我漸漸厭倦我的願望和所實現的事。

我忍受不了我的充實感。

我懷疑我所作的詩，

我覺得家過於狹窄。

我所達到的目標已不是目標，

不管走哪條路都繞道而行，

不管任何休息，都產生新的憧憬。

　　──《飄泊的靈魂》

以純粹的觀想、目的之追求和意欲，

在我們之中，洗練毫不含糊的觀察力，

滿足自我的眼、耳、鼻、觸覺之訓練。

這是懷抱鄉愁的樂園，

而能夠以最優美、最純粹的方式沈溺於此的，

是在旅途之中。

　　──《波登湖》

PART 4

宗教與信仰

第一節

神與信仰

重新界定善與惡，
不是永恆的造物者德米爾克的工作。
那是從人類和人類的想法中產生出來，
比較小的諸神之工作。
　　——《關於卡拉馬助夫兄弟》

太古的德米爾克（造物主）是神，
同時也是惡魔，是宇宙創造前就已存在的神。
祂超乎各種對立之外，
不知晝夜，也不知善惡，
是虛無，也是一切。
祂是我們無法認知的，
因為我們只能憑藉對立而認知。
我們是人，受晝和夜、冷和暖的束縛，
而且需要神和惡魔。
　　——《關於歐洲的沒落》

所有的個人性之物背後，

有非個人性之物及神性之物的存在，
在那裡開始了實在之生命的活動。
——《書簡》

在我們心中活動的神和在自然中活動的神，
是同一不可分離的神。
萬一外部世界遭到毀滅，
我們之中的某個人還是能夠重新建立世界。
因為山和川、樹和葉、根和花，
自然中一切的組成，
其原型都在我們心中。
從我們靈魂產生出來的靈魂之本質是永恆。
我們對它不是很清楚，
但它經常以愛的力量、創造力出現，
使我們也能感覺得到。
——《德密安》

打從一開始就沒有純潔和單純。
所有被造物即使乍見極其單純，
但已非純潔，而有其矛盾存在，
因為已被投入生長的濁流中，
無法再回到潔淨的上游。
通往純潔、原始、神之路不是朝向後方，
而是往前直行。
——《荒野之狼》

《舊約》和《新約》中那位全能的神

確實有著高尚的形象，

但那不是神應該展示的形貌。

神是至善、高貴、人類之父，

美妙而高超多感……不管怎麼說都可以。

然而，世界也是由其它東西所構成。

世界的一半，被人們所隱蔽和抹殺。

他們一方面以所有的生命之父讚美神，

卻又完全抹殺所有生命之基礎的性生活，

動輒就說那是罪惡，

是惡魔的行為。

我不反對人們崇拜耶和華，

但我們必須崇拜整個世界，

而不應只是將萬物以人為的方式分成兩部分，

且崇拜其中一部分。

因此，我們在侍奉神之同時，

也要事奉惡魔。

我認為，這才正確。

或者應該說，必須創造出一位含有惡魔性質的神──

在世上行其所當行而不用佯裝不知的神。

　　──《德密安》

拯救之道不在左也不在右，

而在你心中；那裡才有神、才有和平。

—— 《飄泊》

神，有人稱為光，有人稱為夜，

有人稱為父，有人稱為母，

有人讚美神為安憩，有人讚美神為運動，

或是火、冷淡、審判者、創造者、

破壞者、宥恕者、復仇者。

神不自稱為神，

祂希望被人命名、被人愛讚、

被人咀咒、被人憎恨、被人祈禱。

因為由全世界構成的合唱團之音樂，

是神住的神殿、神的生命。

—— 《庫拉因和華格納》

對神的愛不見得和對善的愛一致。

啊！如果那麼簡單就好了。

我們都知道善是什麼，

在戒律上也明白記載著。

但神不只在戒律之中，

戒律不過是神極小的部分。

嚴守戒律，只會離神越來越遠。

—— 《那奇斯和歌爾特蒙德》

世界的創造和沒落如同兩軍對峙，

不斷地相互鼓勵，

永遠處在過程中，

絕未完成。

世界一方面繼續生長，

一方面繼續死亡。

所有的生都是神吐出的一口氣，

所有的死都是神吸入的一口氣。

  ——《庫拉因和華格納》

真理的確存在，

但它並非你所希望的教義，

也不是賢者那種完全絕對的教誨。

你不可憧憬那種完全的教誨，

而必須去完成你自身。

神在你心中，

而不在書本或概念中。

真理是被體驗而非被講授。

  ——《玻璃珠遊戲》

命運不是從別處而來，

它在我們心中長成。

——《庫拉因和華格納》

對真正的人類，

即健全未殘廢的人類而言，

有無數奇蹟可以證實世界和上帝。

像黃昏工作結束時愉快的心情，

夕陽染紅了天空，

從玫瑰色變化為紫羅蘭色；

像夜空一樣，人的容顏浮出微笑；

像大寺院的禪房和窗檻；

像花萼中雄蕊有秩序的排列；

像由木板製成的有音階的小提琴；

像語言一樣微妙且不可理解；

從自然和精神之中產生，

既是理性，同時又超越理性的小孩；

那種美和驚奇、那個謎和永遠不變的姿影，

以及所有人類無可避免的脆弱，

無法預防的病症和危險——

這些事物對上帝的僕人和弟子的我們而言，

是地上最神祕，最應該尊敬的現象。

——《幸福論》

誕生即是從萬有分離，

被限定，而與神隔離。

那是一種充滿苦惱的新生。

返回萬有，充滿苦惱的自我否定和達於神的境界，

是再次擴張靈魂，直到包容萬有。

　　——《荒野之狼》

鳥想掙脫蛋殼而出。

卵即世界。

想要出生者，

必須破壞世界。

鳥是朝著神的住處飛去。

　　——《德密安》

不管多麼辛勞、愚蠢、醜惡的事，

都可視為上帝所生。

如果可以到達悲喜善惡之遙遠彼岸的最盡頭，

這些事物都會改變成完全相反之物。

　　——《庫拉因和華格納》

我充滿虛榮心和孩童般的喜悅，

曾經視為自身使命的任務已經不存在了。

很久以前，我在抒情詩、

哲學或某些專家的話中就已看不到解救之道，

何況是自身的使命。

我只專心注視自己心中

所培育出的真正生氣勃勃的堅強個性，

以及活躍於心中可完全感覺出的忠實——即生命和上帝。

——《魔術師略傳》

・波特傑利　春

上帝不是為了殘殺我們才送給我們絕望，

而是為了喚醒我們的新生命，

才給我們絕望。

　　——《玻璃珠遊戲》

所謂本有的聰明、睿智或可能的救贖，

不是為了教誨或什麼話題而行，

卻是為了被水淹至脖子的人而做。

　　——《書簡》

唯一的神住在我們心中。

地上任何場所都是我們的故鄉，

所有人類都是我們血緣的兄弟。

如果知道世界萬物是由神統一，

那麼因人種或國家、貧富、信仰、政黨而分裂，

不過是幻影和妄想。

不管是令人恐懼的苦難或溫柔的感動，

只要能使我們傾耳以聽，

使我們胸中充滿愛的力量，

就是我們回返的起點。

　　——《一九四六年‧年初的話》

神只有一位，

祂住在你心中。
你必須在心中祈求神，和神交談。
——《關於給一位德國青年的信》

不管是誰，都有兩個自我。

若有人知道其中一個自我是從哪裡開始，

另一個自我是到哪裡結束，

那個人就可說是無可置疑的賢人。

稍微觀察我們主觀、經驗、個人的自我，

即可了解，它依存於外部，

很容易受到各種影響。

因此，它無法讓人確實信賴。

對我們而言，

並不能從中得到標準和意見。

另一個自我，

隱藏在第一個自我之中而與之相混。

然而，第二個自我和第一個自我絕不混為一談，

那個崇高神聖的自我不是個人之物，

是與上帝、生命、宇宙、超乎個體之物緊密相連。

按照第二個自我行事就不會出錯。

宗教一部分是關於上帝和自我的認識，

另一部分則是與反覆無常、自私的自我脫離。

那是為了接近我們心中神性的自我，

所做的精神訓練和修行。

——《書簡》

殺人或通姦聽起來像是罪大惡極，

或是不得了的事。

然而，實際上做這些事的世俗人

也不能說是真正的罪人。

每當我為他們著想時，

覺得他們就像小孩子一樣，

並非正直的善人，

也不是崇高純潔的人，

而是利己、好色、傲慢、易怒的人。

但如果溯及本源，他們並非罪人。

就像小孩子們無罪一樣，

他們也不是罪人。

——《玻璃珠遊戲》

信仰，不論採取什麼形式或表現，

其內容經常相同。

亦即，我們必須盡力為善，

但對不完全的世界或自身並無責任。

我們無法支配自我而是受到支配。

超越我們的認識之地有神存在，

我們必須侍奉祂，獻出自己。

——《神學片斷》

信仰和懷疑相互呼應、相互彌補。

沒有懷疑，
就沒有真正的信仰。
——《追悼克里斯多福·休連布夫》

人類成長的過程是從無垢清淨的階段開始
（樂園、幼年時代、沒有責任以前的階段），
然後被導入罪惡、有關善和惡的知識，
以及對知識、文化、道德、宗教、
人類之理想的要求之中。
孤立的個人想要通過此階段，
不管願不願意，
都會到達絕望之境。
亦即，道德的實行、完全的順從、
完善的服務都是不可能的。
絕望之後是不見蹤影、精神第三之國、
道德和法律之狀態的體驗、恩寵和救濟，
以及新而崇高的責任狀態。
簡言之，即被引導進入信仰之路。
——《神學片斷》

沒有毫無形式的信念，
沒有不以絕望為前提的信念，
沒有不以混亂的知識為前提的信念。
——《書簡》

「你大概逐漸了解沒有信仰就無法活下去，

因為知識幾乎什麼用處都沒有。

就像那些平常認為自己無所不懂的人

所顯示的知識的毫無用處一樣，

最後還是要對人類的信賴放心。

所以，與其去教授、神父或誰那邊，

不如去救世主所在的地方比較好。」

「為什麼？」我問道：

「關於救世主，我們並不是很清楚，是吧？」

「哪裡！哪裡！我們非常清楚。

經過那麼長的時間，

也有胸懷自信、心無不安而死去的人，

就像蘇格拉底和其他一些人。

但那樣的人並不多，

毋寧說是少之又少。

那樣的人能夠安靜、毫無不安地死去，

不是因為聰明，

而是由於良心清明。

總之，那些人都很正直。

我們當中有些人可能也想和他們一樣。

相對於這些少數人，

其他還有幾千幾萬可悲、平凡的人。

這些人儘管平凡、可悲，

所謂虔敬，

是擁有犧牲生命也無悔的那種信心的侍奉和誠實。
所以，它在任何宗派、任何階段中都有可能。

——《玻璃珠遊戲》

但只要相信救世主，

就能夠欣喜、安心地死去。

你的叔叔在去世前，

有十四個月躺在悲慘的苦楚中。

但因為從救世主身上得到安慰，

我們毫不抱怨地忍受痛苦和死亡。」

最後，母親說：

「我知道，雖然講了這番話，

你還是無法領會。

信仰和神相同，

不能靠思維加以區別。

有一天你會明白，

只靠思慮分別是不夠的。

到那個時候，

你就可能涉及你覺得困惑或欣慰的所有事物。

也許，到那個時候，

你就能領會我今天所講的話了。」

——《美麗的青春》

信心就是信賴。

單純、健康、天真之人、孩童和野蠻人才有信賴。

像我們這種既不單純又不天真的人，

想要尋找信賴，必須繞道而行。

對自己本身的信賴就是這條路的起點。

在審判、罪、良心、禁欲和供物上，

是得不到信仰的，

這些東西屬於住在我們外部的諸神所有。

我們必須信仰的神卻住在我們心中。

對自己本身說「不」的事，

也不能向神說「是」。

　　——《飄泊》

祈禱像歌曲一樣神聖，

是人們的救贖。

祈禱是信賴、肯定。

真正的祈禱不是願望，

只是敘述自己的境遇和痛苦，

就像小孩子歌唱一樣，

吟哼著苦惱和感謝。

　　——《飄泊》

朝向信仰之道，

每個人都不同也無所謂。

對我而言，

那條路是超越許多過錯和苦惱、

許多自我虐待和狂妄的愚行。

因為我曾是自由思想家，

認為信心是靈魂的疾病；我曾是苦行者，

所以把鐵釘釘進肌膚。

因為我不曉得信心是健康和快活的意思。

——《飄泊》

他的良心有時因無法平息而感到沈重的負擔，

並不是因為通姦或快樂，

而是別的東西，

卻無法舉其名號。

那不是所犯的罪，

是生而具有的罪惡感，

在神學上或許就是所謂的原罪。

實際上，生存之物本身，

其內部就含有罪惡。

——《那奇斯和歌爾特蒙德》

宗教與基督教

我相信人類擁有難以想像的可能性，

那就是，不管在多麼污濁之中，

都不會被消滅，

不管在多麼嚴重的墮落中，

也會被解救。

這種可能性強而有魅力，

所以不斷地被希望、要求、感覺，

使人類夢見更高的可能性，

發出反覆掙脫動物性的力量。

不管今天稱為宗教，

明天稱為理性，

後天又有什麼名稱，

其本質都一樣。

現實的人類與可能的人類、

能夠想像的人類之間的鐘擺運動，

與各種宗教在人和神之間所設定的相同。

——《書簡》

所謂樂園，

是從那裡被放逐之後，
才知道它是樂園。
——《亞倫斯特‧戈戈木手爾根塔拉》

我想，任何宗教都是相同的。

相信這一點的人，

不能不成為賢者，

同時也不能不墮入愚蠢的偶像崇拜中。

總之，在宗教中，

尤其是神話的部分，

幾乎聚集了所有一切的實際性知識。

如果不以虔敬的心情看待，

任何神話都是「錯誤」。

但我領會了所有神話是朝向世界之心臟的鑰匙，

也是把自己的偶像崇拜變成侍奉神的道路。

——《書簡》

我覺得，千百年來，

宗教、教義、宗派一直力圖明示善與惡、是與非的學說，

且不斷以更微妙、更嚴格的形式，

對正義與服從做更高的要求。

其結果，在上帝面前，

九十九個正義之士不及一位瞬間悔改的罪人。

——《療養客》

任何宗教都是美的。

宗教重視的是精神，

不論是接受基督教的聖餐，

或到麥加去朝聖，本質上都相同。

──《德密安》

耶穌的教誨、老子的教誨、

《吠陀經》的教誨、歌德的教誨，

其中都含有永恆的人性。

教誨只有一個，宗教只有一個，

幸福也只有一個。

眾多形式、眾多預言者，

結果不過是一句叫聲、一種聲音而已。

上帝的聲音不是來自西奈山，

更不是在《聖經》上看得到的。

愛、美、聖的本質不在基督教之中，

也不在古代人、歌德、托爾斯泰的話中。

它在你之中，你的「自我」之中，

我們每個人之中。

只有這個才是唯一永遠準確的真理。

那是我們心中擁抱之天國的教誨。

──《聖誕節》

不能因後悔而彌補恩寵。

所謂恩寵，是不能彌補的。

——《東方之旅》

所有民族的智慧都屬於同一性質，

沒有兩個或兩個以上的東西。

如果我必須對各種宗教或社會抗議，

只有一個原因，

那就是他們不寬容的傾向——不管基督徒或回教徒，

都認為自己的信仰才正確、神聖，

而不想承認其它信仰。

——《書簡》

苦於我們這個時代的可怕與混亂，

不只是你們年輕人，

我們老年人亦然。

老年人也可輕易斷言，

人類的生活是不名譽且值得懷疑的。

我們嘗試突顯這種絕望，

試著使其成為有意識的東西，

但也試著賦予看似無意義、殘酷的人生以意義，

把這個人生與超越某時代、超越個人之物結合在一起。

這樣一來，我的一生便與宗教結合在一起了。

——《書簡》

在不得已的情況下，

選擇與其殺人不如被殺這一點，
我是基督徒。
——《書簡》

從小我被教導，
基督教的優美主要在於不崇拜偶像。
但長大之後，
越是懂事就越覺得，
除了聖母瑪利亞之外
不崇拜其他神祇的觀點是基督教的缺點。
這是什麼道理呢？
——《療養客》

．巴馬・維契歐　神聖的對話

孤獨的宗教不是真正之物。

宗教應當是共通的，
必須擁有禮拜和陶醉、祝祭和祕法。
——《德密安》

縱使我對我的時代和我自己感到絕望，

我還是嚴守自己的立場，

不捨棄對人生所存有的敬畏之念。

我之所以如此，

不是因為世界和我仍有改善的希望，

而是覺得不能沒有一點敬畏之心和歸依上帝的念頭。

——《書簡》

從前，

我多多少少以尊敬和羨慕的心情凝視著羅馬天主教，

現在我雖對新教堅定又具體地實現傳統精神充滿憧憬，

卻有助於維持我對西洋最大之文化殿堂的尊敬。

但我發覺，只有遠離那令人讚美的天主教會，

才可能認為它值得尊敬，因為如果走近前去看，

就會嗅出人為的血腥和權力、政治和卑俗的氣味。

即使如此，

有時我也會羨慕天主教徒在小房間、祭壇之前祈禱，

或是在神父的窗前懺悔，做孤獨的自我批判。

——《我的信仰》

我不屬於任何教堂，

因為那裡欠缺崇高的精神和自由，
而且每個人都以自己為最善和唯一的信仰，
認為不屬於自己的信仰者都是迷信。
──《書簡》

我對聖母瑪利亞有一份特別的崇敬。
在我心內的神殿中，
祂擺在維那斯和克里史那神旁邊。
但把祂視作靈魂的象徵時，
卻在世界的兩極及自然的精神之間左右搖擺。
然則，將之比喻為用愛火點燃的救世火炬時，
我認為，聖母在所有宗教中最具神聖之姿。
把聖母當作正統信仰的人，
也不輸給任何朝聖者──
就像我一樣，是尊敬公正且做最大獻身的人。
──《帖欣》

如果人類只是一個人，
大概就可以被「純粹的」基督教所拯救，
去除獸性和魔性。
但實際上並非如此，
「純粹的」宗教只屬於上層階級中的極少數人，
一般民眾則需要魔術和神話。
在人類這污濁的大海中，
雖接連不斷出現純粹的人和救世主，
但他們是被釘在十字架上、被崇拜以後才開始受到尊敬。
──《書簡》

我不能沒有宗教而活下去，

就是一天都不行。
但我一生和教堂一點關係都沒有。
──《我的信仰》

坦白說，你們年輕人給人的印象是──

處理事情太過輕率。

你們不管做什麼事都急急躁躁，

對宗教和世界觀也一樣，

稍微涉獵一點佛陀或尼采的思想就妄下評論。

我不得不告訴你們，

這種做法一點價值也沒有。

──《書簡》

在西洋歷史中，我認為，

最有歷史價值的首推基督教教會

和以服務為宗旨的宗教團體。

對冒險家幸而成功地征服某個王國或建立一個國家，

且綿亙二十、五十年或一百年，

或是一位好心的理想家成為國王、皇帝，

推行善政，或是追求實現一種文化的美夢，

我均不感興趣。

我想嘗試的是研究我們教團的組織，

且嘗試的結果能夠保持一、二十年的價值──

這才是我最感興趣的事。

──《玻璃珠遊戲》

政治家引用《聖經》裡的話，

不是一件好的嘗試。

——《會達到和平嗎？》

《聖經》中的神話和人類所有的神話相同。

對我們而言，

若非以我們本身和我們的時代加以解釋，

它就毫無價值。

——《書簡》

我不採行《新約》中

「你要做這個那個」這種命令式的道德性強制語，

而習慣於接受真正的賢者一邊向你擠眉弄眼，

一邊向你做親切的暗示：

「你若按照字面實行這句格言，

對你有令人驚訝的幫助嘟！」

我深深了解，這些格言不只包含著最高的道德要求，

也涵蓋著最崇高、最賢明，

充溢著精神的幸福論。

而《新約》中整個愛的理論，

除了其它一切意義外，

也擁有經過深思熟慮之後的精神性技術的意義。

——《療養客》

人類所創出的信條中，

我最尊敬的是古代中國人和天主教會的信仰。

——《書簡》

如果我們不把《新約》中的各種格言當成神的命令，

而視其為有關人類靈魂之祕的異常深刻的知識，

那麼它在《舊約》中也找得到。

它就是直到目前為止最具智慧的一句話，

有關生活藝術和幸福論的簡潔陳述——「愛鄰如己」。

一個人若不能愛鄰如己，

他便是自我主義者、榨取者、資本家、資產階級。

即使他能夠積聚金錢與權勢，

他也無法獲得靈魂深處最微妙、最甜美的喜悅。

反之，如果愛鄰人甚於愛自己，

他便是一個充滿自卑感的可憐蟲。

他渴望去愛每一種東西，

但對自己卻充滿怨懟與不滿，

而每日生活在地獄中，

受地獄之火焚燒。

另一方面，若能採取平衡的愛，

不假他求而愛自己，不壓抑自我而愛他人——

一切幸福、一切福澤的祕密皆存在於這句名言之中。

——《療養客》

「你不可殺人！」這句話在當時被說出時，

是一種毫無道理的要求，

差不多和「你不可呼吸」同義，

一看就知道不可能，

是荒謬絕倫，會遭致毀滅的言論。

但這句話，幾百年來都沒被湮滅，且通用於現在。

這句話創造出法律、世界觀、倫理學，

從根本上改變了人類的生活而成績斐然。

其它格言都沒有這麼偉大的功蹟。

　──《戰爭與和平》

今日所謂的有教養者，

不是一年僅有一次想到耶穌的教義，

也不是按照教義而生活，

是一種耽溺於少年時代聖誕夜的情景，

充滿膚淺之信心的感情。

就好像一年看一、兩次《馬太受難劇》一般，

久了雖會忘懷，

但偶爾也會屈服於這個充滿壓力、令人害怕的世界。

　──《聖誕節》

PART 5

愛與幸福

第一節

愛

愛的道路真是寸步難行，

因為世上相信愛的人很少，

不信者到處都碰得到。

　　——《愛之道》

誠實是高尚的德目。

但若沒有愛，它就毫無價值。

愛是一種在悲傷中也能堅毅地露出微笑的能力。

對我們本身的愛，

對自身之命運的愛，

即使茫無所知，

我們也能由衷地贊成自然的要求與安排——

這是我們的目標。

　　——《愛之道》

不求報償的愛，

是我們靈魂中最崇高、最可喜的境界。

——《關於靈魂》

《給女朋友的明信片》

今天吹著冷風，

風以蜿蜒的曲調抽泣。

草原雖仍殘存著花朵，

已經降了一大片霜。

一片枯葉在窗前搖晃，

閉上眼瞼，

浮上你的身影。

我的小鹿啊！

漫步在遠方多霧的小鎮中……

「愛」，

從最初開始就不是縮頭縮尾、見不得人的動物性衝動，

也不是像但丁捧著貝德麗采的照片，

那種精神上虔敬的崇拜。

愛具有這兩者的性質而且超乎其上。

愛有天使，同時也有惡魔的形象，

是男與女混合為一，是人與動物、至善和極惡。

生活在其中是我的定數，品嘗這一點是我的命運。

我一方面憧憬我的命運，一方面又感到恐懼。

——《德密安》

在學校的最後一年，

我暗戀上一位我所認識的可愛的女孩。

沒有常常見面，也沒有很想見她的念頭，

完全像做夢一樣，品嘗初戀的甜美悸動，

也深為所苦。

另一方面，像戀愛般的音樂，

讓我興奮得夜不成眠。

當時，我捕捉住浮上心頭的旋律，

試著寫出兩首短歌。

雖覺有點不好意思，

但整個身心浸透著一股快感，

幾乎忘掉戀愛的煩惱。

不久，聽說她去學聲樂，

很想聽聽她唱的歌。

過了幾個月，我的希望總算達成。

那是傍晚時分，在我家的餐會上聽到的。

可愛的女孩被要求唱歌時，

雖再三推辭，結果還是不得不同意。

我懷著異常緊張的心情等待這一刻的來臨。

一位紳士以箱型的小鋼琴伴奏。

待他彈了兩、三節時，

她開始歌唱。

唉！她的歌聲實在難聽，

一個人是否愛人類，

從他是不是愛軟弱的人、無用的人加以判定。

——《書簡》

難聽得使我為她感到可悲。

在她唱歌時，我的困惑、苦惱轉為同情，

然後變為沈默。

此後，我便解除了這段戀情而心胸舒坦。

——《青春之歌》

我現在就要嚥下最後一口氣。

她大概不知道，也不會詢問或悲傷吧！

但我也不特別想讓她感知到我的存在。

我只想為她做奇妙的事，

或送她不尋常的禮物，

即使她不知道是誰為她而做。

——《鄉愁》

世界絕非所謂的天國，

但它也沒有變成地獄。

世界永遠都會不圓滿，

充滿污穢。

為了忍受這一點而使其展現價值，

必須擁有愛和信念。

——《荒野之狼》

「關於我的情人，還有什麼事？

你什麼時候去告訴那個巴貝特，

還是故鄉的令尊或老師。

我真的很喜歡妳，沒什麼惡意。

但如果要成為妳的情人，

在這之前，首先必須獨立，

能夠自己賺錢。

然而，要做到這一點真不容易喲！

現在妳只是個學生，就談戀愛。

如果我對妳不懷好意，

就不會和妳談這些話。

因此，妳不要頹喪。

一頹喪，什麼事都做不成了。」

「那麼，我該怎麼做？你不是喜歡我嗎？」

「哎呀，小朋友！不要說那種話。那是不同的。

不可對妳的年紀所不能得到的東西懷著希望。

讓我們等待成為好朋友的時刻來臨吧！

時間一過，凡事都會有個結果。」

——《美麗的青春》

施比受更有福，

愛比被愛更美，它使人倍覺幸福。

——《美麗的青春》

「這仍是妳一個羅曼蒂克的想法吧！

在這夜黑風高的港上，

常會使女孩子表露愛的自白——

我愛上一個已婚的男人，

而他愛我不亞於愛他的妻子。

我們都不知道何時才能一起生活，

只是寫寫信，偶爾見見面……」

「對不起！請問，這樣的戀愛能帶給妳幸福嗎？

還是會帶給妳不幸？或者兩方都會受到傷害？」

「啊！所謂戀愛，

並不是為我們的幸福才有的東西，

而是為了向自己顯示——

戀愛在我們的痛苦、忍耐和服從之中，

是多麼強的存在。」

——《鄉愁》

「使情人或丈夫吃醋也是好事啊！

和愛差不多一樣，或許也不錯。」

——《貝爾特爾德》

「如果可以，我也想那麼做。」

「哦！那麼請聽我說。

我和你一樣，也有所愛的人，卻無可奈何。

然而，在這種時候，

友情和其它可以得到的良善、快樂的東西，

不是必須加倍地掌握住嗎？所以，

讓我們永遠成為好朋友。

至少，最後一天也要互相以開朗的面貌相見。好嗎？」

我小聲地說好。

我們彼此拉著手，就這麼做了約定。

　　——《美麗的青春》

「果然，妳並不愛我。

你任誰都不曾愛過，不是嗎？」

「或許……你和我一樣，你也不愛誰。

若非如此，為何你可以把愛當成一種技術運用。

像我們這種人，恐怕無法愛人。

世上的人卻可以，那是他們的祕密。」

　　——《希達塔》

命運常常就是愛。

——《布魯塞爾的亭榭》

「就算沒有花、沒有音樂，
我也活得下去，沒有其它東西，
我也做得下去。
但有個東西是不可欠缺，
我也不想缺少的——
如果我忽視存在於我心中的音樂，
我一天也活不下去。
如果我以某人為夫，和他一起生活，
他心中的音樂必須和我的音樂達到絕美的調和；
他的音樂必須是純粹的，
且一心一意企求與我的音樂調和。」
——《愛麗絲》

很想成為她的情人，
就算是短短的一小時也心滿意足。
她是一切，是母親，同時也是小孩，
是情人、野獸，同時也是聖母。
——《克林古蘇爾最後之夏》

「哦！她怎麼會想和那無聊的男子結婚？
世界就是那麼一回事。」
──《鄉愁》

為何想忘記那個夜晚──
在港畔昏暗的長椅上，
那個暖和的六月之夜，
我們天南地北地閒聊，還有初吻。
──《波登湖》

「我不會說謊，我的確愛你。
我不知想過多少次，你若是我的丈夫……
因為你是我打心眼裡初戀的對象。
直到現在，我都未曾想過去愛不純情、不善良的人。
但我在丈夫身邊，覺得比什麼都好。
我不是那麼愛我的丈夫，
然而他是個紳士，
了解你所不知道的名譽和品格。
啊！請不要再說下去……」
──《阿烏古斯托斯》

十七歲時，

我愛上一位律師的女兒。
她是個美人。
我這一生特別自豪的是：我只愛美麗的女性。
——《鄉愁》

《祈願》

當你伸出可愛的手，

在無言勝有聲中，

是否在回答我曾問過的話？

是否在訴說你愛我？

我不奢望你愛我，

只希望你在我身旁，

有時默默地

悄悄地伸出你的纖手……

「我不是愛妳一個人，妳知道這一點。

我也不是只珍愛一個人。

明天、後天，我還會愛別的人，

描繪不同的姿影。

不管這是聰明或愚蠢，

我都不後悔。

我喜歡妳，或許是因為妳像我的緣故。

至於為何會愛別的女性，

那是因為她們和我不相似。」

——《克林古蘇爾最後之夏》

兩人即使想緊密地結合，

在他們之間還是會有鴻溝存在。

所以，必須無時無刻架上備急的浮橋，

在上面放置愛。

　　──《庫奴儞布》

他認為女人的愛是奇妙的東西。

女人的愛確實不需語言。

只有在提到幽會的地方，

她才說一句話，

此外則隻字不談。

那麼，要用什麼訴說呢？

用眼睛，然後是從肌膚散發出來的微妙味道。

男和女互相愛慕時，

彼此都覺察出各自所散發的東西，

就像微妙的隱語一般，

真是奇妙。

　　──《那奇斯和歌儞特蒙德》

年輕人的愛和長期婚姻生活的愛不同。

—— 《青春之歌》

愛有時是虛假之物，

彼此雖互有好感，

但各自生活在不可理解的命運中，

無緣且對面不相逢。

即使多麼想接近、互相幫助，

卻像無意義的悲傷之夢一樣，

想幫也幫不了。

—— 《青春之歌》

她進一步教他——情侶在愛的饗宴之後，

如果不向對方表達愛慕之情，

表示征服與被征服的歡欣，

就不該彼此分手。

這樣才不會產生既滿足又失落的感覺，

也不會產生玩弄別人或被人玩弄的不愉快之感。

—— 《希達塔》

「愛可哀求而得，可買得到，

可當作禮物而收受，也可在路上拾到，

就是不能奪取而得。」

—— 《希達塔》

為了一剎那的原因，可以把自己豁出去；

為了一個女孩的微笑，可以犧牲幾年的歲月。

那就是幸福。

——《秋的徒步旅行》

・孟克　吶喊

我仍然不相信，

女人對迷戀自己的男人那種絕望的痛苦，
懷著殘酷的喜悅之情。

——《鄉愁》

談到愛情，

我在這方面似乎一輩子都像個小孩。

我對女性的愛總是同於淨化心靈的崇拜、

從憂愁中猛然燃燒的火焰、

向碧空伸出的祈禱之手。

由於母親的表現，

也由於我自己淡漠的態度，

我對女性，這種我所無法了解，

既美又像謎一般的動物，

始終保持敬意。

因為她們的美質出自天生，

又能保持內在的調和，

比我們男性還要優越。

就像星星、遙遠青蔥的山脈，

看起來更接近神，

使我不禁把她們視為神聖。

——《鄉愁》

他經常自愛之歡樂的虛幻中，

產生悲哀和倦怠的心情。

快樂的短暫易逝和希望的容易破滅，

是他體驗的核心，

人生所有歡喜和悲哀的象徵。

那種悲哀和無常感，

和他對愛的感覺一樣，

深深地縮住他的心。

這種憂愁同時也是愛、歡喜。

就像最崇高、最幸福的愛之歡喜，

隨著下一次呼吸而消失、死亡，

深切的孤獨和憂愁，

也會突然受到願望的籠罩，

開創人生新的光明面。

死和快樂是一體的兩面。

生命之母雖可稱為愛和喜悅，

但也可稱為墳墓和腐敗。

她是夏娃，是幸福之泉，

又同時是死亡之泉；她永遠在生育，

又同時永遠在殺伐。

在生命之母中，

愛和殘虐是一體的兩面。

——《那奇斯和歌爾特蒙德》

沒有她就活不下去的女人並不存在。

還有，沒有和她在一起就活不下去的女人也不存在。

——《庫拉因和華格納》

愛就是這麼一回事。

愛帶來痛苦，

但接不接受痛苦都無所謂。

只要具備與生命共有的堅強意志，

只要能感受到一切生物和我們繫上密切的活結，

而愛心不冷卻，

則痛不痛苦都沒什麼關係。

——《鄉愁》

沒有母親，沒有兄弟，

尤其是沒有姊妹而長大的少年，

可以說只擁有一半的童年時代。

如果完全沒有和其他女孩親近的機會，

那就一半都不到。

不論對女性是否做崇高的評價，

她都是小孩的保護者、守護者，

這一點是任何人都無法取代的。

——《貝爾特爾德》

我曾在魯莽的少年時代想過──

對人生有所期待是我們當然的權利，

而當中只有極少數是無法實現的。

即使如此，人生依然美好，

每天都有神聖的力量感動我們的心。

我想，可憐的女人的愛也是這樣。

人家告訴她們神話中的森林或月光輝映之庭院的故事，

但她們日後看到的是一片荒蕪的土地。

在那裡，沒有芬郁的薔薇，

只有叢生的雜草。

她們各自做成花束，放在窗邊。

在薄暮時分，萬物失去顏色，

從遠處飄來風的歌聲。

她們撫摸著那個花束，

面帶微笑，讓人覺得那是薔薇，

外面的旱田則是仙境。

　　──《波登湖》

若戀愛是一方殘酷另一方忍受屈辱，

那不戀愛的人或可生活得較好。

——《青春之歌》

我們逐漸成長，變成大人，

穩重多了，卻失去純潔。

那些曾經被我們憧憬、追求，

首次給我們愛之曙光的女孩不知怎麼啦？

當我們陸陸續續離開時，

她們對知有什麼感覺？

當充滿崇高之美夢的青春時代結束，

接受最後一位男人的追求時，

她們不知有什麼感覺？

我們男孩創造、研究、勞作，

什麼事都可以做，有工作和職業，

有很多小喜悅和小的惡行……

但只生活在愛之中，

只對愛充滿期待的女孩們，

不知懷抱些什麼？第一個年輕人，

那對自己有時大膽，

有時又有點羞怯的崇拜者，

他們的約定、歌聲、笑談，

最後一個男人是很少能夠給予的。

——《波登湖》

那不是悲劇。

獲得自己所愛的東西，

或不能佔為己有，

是人類命運中常有的事。

把自己的愛所擁有的多餘的熱情和獻身

從那個對象身上轉移到其它目標，

譬如工作、社會公益或藝術等，

那才是愛的真諦——

這就是使你的愛情富有深切意義之路。

——《書簡》

第二節

幸福

我在今天覺得，

「幸福」完全是客觀性的東西，

亦即整體而沒有時間的存在，

是世界永恆的音樂，

其他人則稱為天體的調和或上帝的微笑。

這個精髓，這無限的音樂，

這嘹亮的聲響、光輝燦爛的永恆，

是純粹而完全的現在，

不知道時間、歷史、過去和未來。

人類、世代、國民、國家有興替更迭，

但世界永遠綻放著光輝的笑容，

生命永遠演奏著音樂，跳著圓舞曲。

如果暴露在危險中，

無常又空虛的我們尚存喜悅、安慰和笑意，

那是從那裡產生的光輝、充滿光明的雙眼、

充滿音樂的雙耳。

——《幸福論》

所謂幸福，

就我們而言，是在此刻之中呼吸，

在天體的合唱中一同歡唱，

在世界的圓舞中一同舞動，

在上帝永恆的微笑中一同歡笑。

大多數人，只有一次或兩、三次這種經驗。

有此經驗的人，

並非只有剎那間的幸福，

而是得到永恆喜悅的光輝——

愛世界的人為我們帶來愛，

藝術家為我們帶來安慰和快樂。

經過幾個世紀之後，

仍像當初那樣鮮明光耀的所有事物，

就是從這裡產生的。

　　——《幸福論》

常說人生的幸與不幸，終究無用。

因為在一生中最不幸的日子裡，

也有過難以忘懷的快樂日子。

　　——《青春之歌》

愛和喜悅，

我們稱為「幸福」的神祕之物，
不是到處都有，而是存在於我們心中。
——《聖誕節》

現代人所實踐的宗教，
本質上都是在讚美自我和自我的鬥爭。
但只有樸直的人，
才能熱中於自我的情感和鬥爭而感到幸福。
有知識的人、精明的人、
開闢獨自之境地的人，被禁止在這種鬥爭中找到幸福。
就他們來說，幸福存在於自我和體驗統一之中。
——《療養客》

年老的人在感受到強烈的幸福時，
總會回憶起童年時代，
這是極其自然的事。
為了體驗幸福，
最好不要受時間左右，
也不能受恐怖和希望支配。
而大部分人隨著年齡的增加，
便失去這種能力。
——《幸福論》

《幸福》

你只要一追求幸福，

就得不到幸福。

即使得到你最喜愛的東西，

仍不覺得幸福。

你為失去的東西歎息，

只要朝著目標行動，

就不知何謂無苦無憂……

你捨棄所有的希望，

已經沒有目標和欲望，

也不在口中談論幸福。

此時世上的艱苦

若不存在你心頭，

你的心才得到歇息。

我覺得人類不管是過自己或別人的生活，

都沒有自主能力。

人可以獲得金錢、名譽或勳章，

但不能為自己或別人獲得幸福及不幸。

　　——《青春之歌》

所謂幸福，

就是指擁有希望的人。

——《洛斯哈爾第》

不論是誰，

都不必然不幸。

內心沒有狼棲息其間的人，

不見得就能幸福。

只有在非常不幸的生活中，

在炎熱的太陽下，

在飛砂走石間，

才會綻放出幸福的花朵。

——《荒野之狼》

螞蟻也有戰爭，

蜜蜂也有國家，

老鼠也能積聚財富，

你的靈魂卻在追求別人的道路。

如果你的靈魂在中途跌倒，

犧牲了靈魂而獲取成功，

你也不會幸福。

因為感覺幸福的是靈魂，

而不是悟性、胃腸、頭腦和錢包。

——《關於靈魂》

人類總是對幸福充滿憧憬，

幸福卻無法讓人忍受太久。

——《一九四六年‧年初的話》

一到秋天，

我就覺得悲傷；雖不至於心碎，

卻被深深的鄉愁所籠罩。

一方面在令人感傷的氣氛中幻想，

一方面又凝想我所失去的東西。

我想，如果能夠住在一片土地上，

成為樸實的農夫或牧人，

且深愛著那片土地，

而不只是眺望、描繪，

對我而言，

將是美妙且值得羨慕的命運。

我自己也曾享有那種命運。

但我知道，要使自己幸福，

那些東西是還不夠的。

——《帖欣的秋日》

不論是什麼樣的生活，

在生活之中，總會有幸福降臨。

或許這是一件好事——幸福不能持續太久。

——《帖欣的秋日》

不是因為想到小丑而悲傷，

是因為想到追求夢想而犧牲現在之幸福的人而痛苦。

——《故事集‧解說者》

不管是誰，

都認為自己遭遇的不幸是最大的不幸。

——《荒野之狼》

．賀普納　法蘭克蘭德姊妹

第三節

青春與年老

人一上了年紀，
就比青春時代更容易滿足。
我不想去責備青春時代，
因為青春是所有夢境中最精彩的歌曲，
在現實中是一段清純的曲調。
——《青春之歌》

「啊！青春時代真美。
那時當然也隱藏著罪惡和悲傷，
但那確實是幸福的歲月。
當時像我那樣盡興飲酒、盡情跳舞、
每夜歌詠動曲的人大概不多吧？
但那時候在那裡，當真就是個結束。
此後，那樣幸福的日子再也不會來臨。
是的，那是最後一次了！」
——《庫奴爾布》

年輕人不是靠著批判或否定而活，

乃是靠著感激和理想而生。

——《世界史》

花雖美，青春秀麗的人更美。

艾葛蒂那樣的女孩，

和花很相似而且比花還美。

不管到哪個國家，

都有一、兩位那麼美的女孩。

只要見到那樣的女孩，

就會感到很愉快。

她們就像大孩子，

有點羞怯，又有些不怕生。

在那澄澈的眼眸中，

有美麗的動物或林中之泉的光輝。

看到她們，就會毫無邪念地愛上她們。

在凝視她們時總會覺得憂傷，

因為這種青春和人類之花的優美身姿，

有一天也會年老，死亡。

——《秋的徒步旅行》

年輕或年老，只存在於凡庸人之間。

傑出的天才，有時變年老，有時變年輕，

就好像有時快樂、有時悲傷一樣。

——《書簡》

《在山上的日子》

唱吧！我的心，今天是你的時辰，
一到明天你就會死亡。
星光雖燦爛，你也看不到，
鳥聲雖悅耳，你也聽不見，
唱吧！我的心，趁你的時光仍旺盛，
唱出你短暫的時光。

太陽在雪上輝耀、微笑，
雲在遙遠的山谷上結成花環，
全都是新的，全都是光和熱，
沒有一絲陰影，沒有一點哀愁。
呼吸是祝福、祈禱和歌唱。
呼吸吧！靈魂。
面向太陽，敞開你的心胸，
在你短暫的時辰當中……

生活、歡樂和痛苦都是樂趣，
被風吹落的片片雪花是幸福。
我是幸福，是天地創造的中心，
是大地和太陽的寵兒。
在一小時之內，
在歡樂的一小時之內，

直到雪被風吹落——

唱吧！我的心，今天是你的時辰，
一到明天你就會死亡。
星光雖燦爛，你也看不到，
鳥聲雖悅耳，你也聽不見，
唱吧！我的心，趁你的時光仍旺盛，
唱出你短暫的時光……

身為一個老人，
為了符合其意義和任務，
必須了解年紀老大所帶來的所有事情，
而且不要不服老。
也就是說，
如果不服從自然對我們的要求，
不論我們現在是年老或年輕，
都會失去每天的價值和意義，
從而欺騙了生命。
——《關於老年》

小孩子所做的事，

難道不比大人做的事公正、善良而重要嗎？

其實大人也和小孩子一樣，

只是他們有權力，能命令、支配別人。

他們也做消防隊和軍隊的遊戲，

去俱樂部，也去酒館，

而偏偏做什麼事都裝出理所當然的表情，

甚至還做出崇高、神聖的姿態。

——《魔術師的年幼時代》

青年的任務、憧憬和義務是生成的；

成熟人的任務是捨棄自我，

即德國神祕主義者所說的「滅生」。

人為了奉獻出人格，

首先必須成為充實的人，

擁有真正的人格，

以及經歷過生成獨特之個性的苦難。

——《書簡》

「啊！我對你蒼老的心感到好奇。

青春是一種矇騙，

完全受報紙或書本誇讚的矇騙。

人生哪時才是最幸福的時刻？

只有老人才會給人非常幸福的印象，

青春時代是人生最苦的時代。

像是自殺，人一上了年紀，

幾乎都不會有自殺這個念頭。」

　　──《青春之歌》

符合人類應有的狀態而成長，

每次都能擁有適合我們年齡的態度和智慧，

並不是容易的事。

一般而言，

我們的精神不是先於肉體就是晚於肉體而成長。

更正此不均衡之現象的，

往往是在我們閒暇或生病時，

那種襲擊我們內在情感的震撼，

或生命之根本的震顫和不安。

　　──《書簡》

我開始產生已經和青春時代告別的感覺。

任何事都進展得不順利，

除了幻滅之外，什麼經驗都沒有。

夜深時刻，在小房間內寫哀愁的詩，

並沒想過在這個奇妙的憂愁中，

品嘗最純粹之青春的喜悅。

——《麗綺日記》

我是老人而喜歡年輕人。

但如果說我對年輕人有強烈的興趣，

那就是在說謊，

尤其在這樣困難的時代。

對老人而言，只對一個問題感興趣，

那就是精神和信仰的問題，

能夠證明不輸於苦惱和死亡的心情以及虔敬的問題。

所謂不輸於苦惱和死亡，

是老年人應當面對的課題，

而感激、震顫和興奮是年輕人的心情。

兩者可以相互肯定，

成為好朋友，但各自說的是不同內容的話。

——《書簡》

人一上了年紀，

經過數十年的體驗和艱苦，

由於更加了解人類的嘴臉和精神，

對歷史就會有年輕時未曾生發的感覺。

雖非有意如此，

但老人最後全都被認為是歷史性的產物。

——《秋的體驗》

記憶或遺忘都是有趣的事。

人生每個階段都有其狀態和光景。

隨著老年的開始，

年輕時對我們非常重要的各種情況，

雖然好像都已經忘得一乾二淨，

但在遙遠黑暗的彼方還會再次出現，

靜悄悄地突出於後來所累積的影像之上。

——《克拉森先生》

PART 6

生與死

第一節

不安與孤獨

《人生總是⋯⋯》

人生總是充滿光芒，

輝耀著喜悅；

盡情笑，莫問

煩惱、逝去的事物⋯⋯

但我的心經常在追求，

雖然隱藏著煩惱。

一到了黃昏時分，

就關在小房間裡，

流著憧憬的眼淚。

心煩意亂而踟躕，

我認識許多人，

稱呼那些人的心為兄弟，

快樂地向前相迎——

光是想到沒有不安的生活，

就很了不起。

克服不安即是幸福、救贖。

——《庫拉因和華格納》

不管你多麼愛她，

當她不掩飾、沈默或睡眠時，

她的臉就會現出原形——醜惡、扭曲，

給你一種殘酷的刺激。

人只要看到那一張張臉的底層，

就發現不到一點愛，

只有生命的欲望和不安。

為了掙脫生命的欲望和不安，

為了甩掉像小孩般——

對冷酷、孤獨和死亡的那種愚昧的不安，

就互相依偎、接吻、擁抱、耳鬢廝磨、疊肩交股，

然後在此世又有新的人誕生。

——《庫拉因和華格納》

這世界真叫人乏味！

明天又要起床，

又要吃飯，又要生活下去，

多麼令人受不了！

到底為何而生？

為什麼人會留戀這種無聊的人生？

——《飄泊》

《孤獨》

地上有很多通道，

但到達目的地的路，

一條也沒有……

不管你是騎馬或坐車，

兩個人或三個人，

最後一步，

還是要用自己的腳踏上去。

所以，想知道什麼，

要做什麼，

畢竟得由自己一個人去進行。

一到夜晚，習以為常的群居生活之感就逐漸遠離，

看不到燈光、聽不見人聲而仍清醒未眠的人，

就會深深地感到孤獨。

唯有那時才知道，

遠離他人，必須依賴自己。

而那種必須自己去品嘗、忍受生活及痛苦、

恐怖、死亡的感覺就悄悄地滲入心中，

成為健康的人和年輕人的陰影及警告，

使怯懦的人戰慄起來。

——《美麗的青春》

他現在突然覺悟到什麼是不安，

不但看穿了不安的真面目，

而且能克服它。

人對許多事都感到不安。

對痛苦、審判者、自己的心感到不安；

對睡眠、甦醒、冷淡、瘋狂、死——

尤其是對死更覺不安。

但那些事全都是戴著面具偽裝的。

實際上，令人感到不安的東西只有一種，

那就是投身於未知之境，

而超出所有的安全之保證。

　　——《庫拉因和華格納》

「動物大部分是悲哀的。

人在悲傷時，不是因為牙痛或失去金錢，

而是體悟到人生的一切真相。

此時，有些地方便和動物相似。

即使當時露出的是一張悲傷的臉，

看起來也比平常真實而富有美感。」

　　——《荒野之狼》

《在霧中》

漫步在奇妙的霧中，
不論石頭、草木都孤獨，
任何樹都看不見其它樹，
大家全都是孤獨的一個。

我的生活在陽光普照時，
世上仍充滿朋友。
降霧的現在，
已經分辨不出誰是誰……

不知黑暗的人，
確實不聰明，
逃都不想逃，靜靜地
在隔絕萬物的漆黑裡──

在霧中漫步，
生存是孤獨，
誰都不知其他人的存在，
大家全都是孤獨的一人。

Im Nebel

Seltsam, im Nebel zu wandern!
...
...
...

...
...
...
...

...
...
...
...

Seltsam, im Nebel zu wandern!
...
...
...

Hermann Hesse

人的目標是上帝，回返上帝之處，

棲息在上帝的懷裡；而這個目標令人不安，

因為那是錯誤的。

人無法棲息在上帝的懷裡，

也沒有所謂安歇的存在，

只有不斷地繼續形成和解體、誕生和死亡、出發和返回。

所以，只有唯一的祕法、

唯一的祕教、唯一的祕密——即捨棄自我，

不違逆上帝的意志，凡事不執著、不拘泥於善與惡。

這樣一來，人才可能被拯救，才可能超越苦惱和不安。

——《庫拉因和華格納》

我有好幾次因絕望成為恩寵而脫胎換骨的經驗。

因為你是我的精神分析家，

我想將這個經驗做以下的定義——

當我認真地接受文化和精神的要求，

想要遵從此要求而生活時，卻陷入絕望之境；

但我也因而了解，

我把主觀的經驗和狀態過於客觀化了。

從這裡便產生了救贖。

——《書簡》

從兒童變成大人，

不過只是一步、一個跨越而已。

變成孤獨、完成自我、離開雙親，那是從兒童到大人的一步！

——《查拉圖斯特拉的復生》

各位！我不知道向各位進一步談論孤獨，

是不是一件好事。

但願我能引領各位走上那條路，

使各位唱出像宇宙之冰那樣冷冽的歡喜之歌。

然而我知道，只有少數人能平安無事地走上那條道路。

我親愛的各位，在那裡，

我們必須離開母親的懷抱。

那將很難度日。

沒有故鄉、沒有祖國、沒有國民、沒有光榮，

甚至連共同生活的樂趣也沒有，

所以很難度日。

那邊很寒冷，生活很困難，

所以，走上那條路的人，

大都會殞命身亡。

——《查拉圖斯特拉的復生》

第二節

痛苦與死亡

痛苦讓你覺得苦惱，

只因你懼怕它、責怪它；

痛苦會緊追你不捨，

只因你想逃離它。

所以，你不可逃避，

不可責怪，不可懼怕。

你自己知道，在心的深處全然知道——

世界上只有一種魔術、一種力量和一種幸福，

它就叫作愛。

因此，去愛痛苦吧！

不要違逆痛苦，

不要逃避痛苦，

去品嘗痛苦深處的甜美吧！

——《關於日記》

最大的痛苦和最大的快樂，

擁有完全相似的表情。

——《那奇斯和歌儞特蒙德》

不要尋求榜樣。

沒有榜樣這種東西存在，

那是你為自己而設。

只有痛苦地喝盡杯中酒。

怯懦的人把命運當成毒藥喝下。

但你必須把命運當成葡萄酒品嘗。

此時，那種味道才會變得甜美。

——《關於日記》

即使你的痛苦很令人吃不消，

也不可認為那是加諸你身上的侮辱和不公平。

你應該敞開心胸去了解——

想用安慰和鼓勵，逃避苦惱是毫無益處的。

不如把你的苦惱看作一種榮譽，

一個表彰你的勳章；

把它視為朝向更崇高之人性的覺醒而接納之。

你不必厭惡、逃避苦惱，

就像必須去愛人生一樣。

如此一來，你才可以看到與苦惱完全不同的面貌。

——《書簡》

你最好學習死亡和獻身——

死是神聖的知識，最好事先準備。

這樣，即使被死神奪去生命，也能進入更崇高的境界。

——《詩集·十一月》

一般說來，

我對英雄及斯多葛學派抱著懷疑的態度。

在我自己的生活中，

除了非常少有的例外之外，

我認為，通過苦惱正中央的道路，

是通過痛苦之世界最短的道路。

也就是說，將自己委諸比痛苦更高的力量，

不問其結果，只是全心全意地奉獻。

——《書簡》

我們在痛苦、絕望，

對生命感到極度厭惡時，

如果只在一剎那間聽到對生命之意義的肯定回答，

縱使下一個剎那就被濁流所吞噬，

我們也會覺得滿足；

而且，在短暫的時間內，

還會繼續活下去。

那不單只是忍受痛苦地活下去而已，

而是愛生命、讚美生命！

——《紐倫堡遊記》

我開始了解，

苦惱、幻滅和憂愁不是使我們怠惰、缺乏價值、喪失品格的原因，
而是使我們成熟、單純化之物。
——《鄉愁》

有些人不從文學性、審美的厭世觀中去審視整個人生，
而認為人生是肉體上具體的煩惱和痛苦的命運，將之扛
起。
很遺憾，我就是其中之一。
這種人對痛苦的感知能力比感覺快樂的情感還豐富。
像呼吸、睡眠、吃飯、消化那種單純的動物性本能，
與其說能夠帶給人滿足，
毋寧說會帶來痛苦和疲勞。
儘管如此，在心中卻能感到遵從自然的意志，
肯定人生，承認痛苦，
不在絕望之餘放棄一切的衝動。
所以，即使微乎其微，
也能使自己高興、快活而感到溫暖和幸福感。
那是一般健康、正常、勤奮的人所體會不到的價值。
——《紐倫堡遊記》

我們最感到好奇的就是——死。
那是生存到最後，最勇敢的體驗。
我認為，在所有認識和體驗中，
只有能讓我們豁出生命的東西才值得追求，
才能給予我們滿足。
——《關於旅情》

死不在任何地方，而在路上。

我們是否違背生命？
死在你之中，也在我之中。

——《詩集·逐漸年老》

「我不相信彼岸，彼岸並不存在。
枯木永遠是死的，凍死的鳥也不會再甦醒。
人的死亡也一樣。
人不在時，短暫期間會讓人憶起，
但不會持續太久。
現在我對死有興趣，
是因為它可以讓我回到母親身邊，
而這只不過是我永不改變的信仰和夢境罷了。
我認為死是極大的幸福，和初戀的成就一樣。
令我無法斷念的是，
再次引領我進入無知之純潔中的不是自殺身亡，
而是母親。」

——《那奇斯和歌爾特蒙德》

「如果你為了什麼理想或善而戰，
認為必定可以達到那個目的，那就太愚蠢了。
所謂理想，難道是為了達到它而存在的嗎？
我們人類難道是為了除去死亡而活下去的嗎？
不！因為有死亡，才會在短暫的人生中，
不時放出美麗的光輝。」

——《荒野之狼》

想要獲得新生，

必須先準備死亡。

——《故事集‧內和外》

確實有被完成的人存在，

他們被稱為神人、佛陀、耶穌、蘇格拉底。

但他們被完成，成為無所不知時，

就在死亡那一剎那。

他們的死，是智慧的最後滲透、最後獻身的成功。

或許萬物的死亡都含有這種意義；

或許臨終的人全都是自我完成，

捨棄死的迷妄和奉獻出自己，

已經不再希望能夠擁有什麼了。

——《夢之後》

所謂自殺，是在完成此行為之後開始覺得不悲傷。

——《書簡》

「不管多麼痛苦，我都笑得出來，

因為對我而言，死是有意義的事。

只要一死，

就可以和這個傴僂病、短腳且無法自由行動的腰告別。

但我想你一定會很悲傷吧！

因為你擁有那麼雄偉的肩膀和美麗、健康的雙腳。」

——《鄉愁》

《兄弟之死》

你何時到我身邊？

你不應忘了我，

而以痛苦結束，

斷絕了我們的聯繫。

兄弟之死啊！

現在你的身影已離我遙遠，

就像寒冷的星辰一樣──

正俯視著我的痛苦。

你何時靠近我

而充滿火焰？

來吧，

吾愛！我在此。

握緊我！我屬於你……

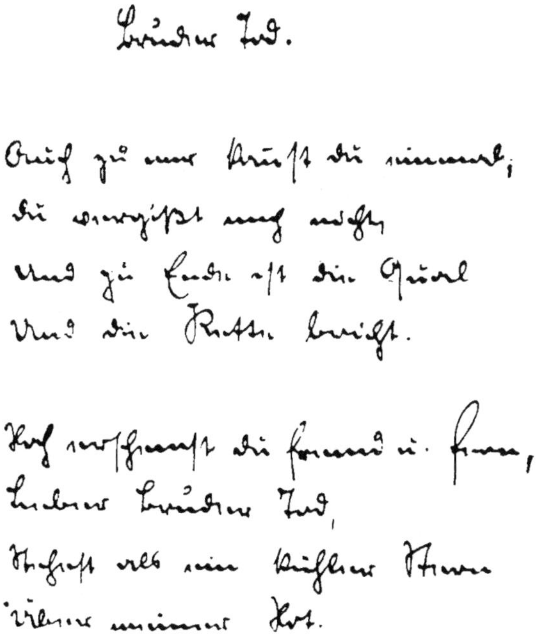
Bruder Tod.

Auch zu mir kommst du einmal,
Du vergißt mich nicht,
Und zu Ende ist die Qual
Und die Kette bricht.

Noch erscheinst du fremd u. fern,
Lieber Bruder Tod,
Stehst als ein kühler Stern
Über meiner Not.

・兄弟之死　手稿

我突然體會到死是公正的時刻，

覺悟到它是我們可以信賴，

聰明又善良的兄弟。

——《鄉愁》

教訓

人各不同，我的孩子啊！

人類的話語都是欺騙。

比較而言，我們最正直的時候是——

包尿片和進入墳墓的時刻。

一進入墳墓就躺在祖先的身旁，

好不容易變得聰明，頭腦也冷靜下來，

用白骨砰砰地敲著真理。

但仍然有說著謊話，

想要死而復生的人。

他奉獻出生命，

不見得要投入水中、死亡之中，

同樣也可以投身於生命之中。

生或死並不重要。

假使自殺之後又再次投到這個世界，

那就沒有自殺的必要了。

沒有必要去走這個奇妙的迂迴之路，

去嘗試這種痛苦艱辛的愚行，

因為他已經克服了不安。

——《庫拉因和華格納》

PART 7

文化與政治

第一節

文化

人類所創作的所有形式，

亦即文化、文明、秩序這些東西，

是基於何者被允許、何者被禁止的協定。

位於動物和未來人之間的人類，

在共同的社會中，

為了擁有社會性，

必須進行無限多的壓抑、隱蔽和克己。

人類充滿了動物性、原始性、野獸性殘酷的利己之心，

而且充滿了拒做巨大矯正的衝動。

這些衝動經常存在，

但文化、協定、文明將之隱蔽，

而使人類不把它表現出來。

　　——《關於卡拉馬助夫兄弟》

古代文化，

即歐洲文化最初的光輝史蹟不會因尼祿大帝而消滅，

也不會被斯巴達人或日耳曼民族所滅。

但從亞洲傳來的思想，

那種單純、古樸的思想，

卻被當時耶穌的教義所消滅。

——《關於卡拉馬助夫兄弟》

當我們仍是小學生或剛剛離開學校時，

聽到「世界史」這個名詞，

就有一種華麗壯闊的感覺，

對它滿懷希望。

在童年時代，

我們總憧憬著能夠實際去體驗和創造

那只從書或繪畫上得知的精彩世界史。

啊！那種憧憬如今已不存在我們心中。

實際上的世界史和學校的教科書

及繪有插圖的精裝本不同，

不是用偉大的行為裝飾的珍珠，

而是苦惱之海的痛苦體認。

——《一九四六年·年初的話》

我們稱為文化、心靈、精神、美、聖的東西，

不過是亡靈，很早以前就滅亡了。

只有少數的愚人才會認為那是真實且活生生的東西。

——《荒野之狼》

我和羅曼・羅蘭的共通點，

就在於我們兩人都和多數德國青年隔絕。

我們完全背離所有的國家主義。

從正在進行的戰爭中，

我們認為國家主義是落伍的感傷主義，

是當今世界最大的危險。

全國有四分之三的青年醉心於希特勒和他愚蠢的口號；

我們能直接行動的道路幾乎全被關閉。

或許時間會帶來改變。

就像羅蘭因特別反國家主義而背離了法國同胞，

我對德國現在這種國家主義的形態感到厭惡。

我認為那是德國政治上的愚昧、虛偽和不成熟，

勢必引發第二場戰爭。

——《書簡・一九三二年》

世界史與人生及一般人並沒有什麼兩樣。

就像有人認為世界史中，

最不受歡迎的時代是最美的時代一樣，

我們在個人生活中，比起暴風雨的時代，

寧可選擇安靜調和的時代去學習。

此時，我們評定的標準並不是什麼哲學，

而是個人的幸福。

那不是英雄式的，顯得非常平凡。

但在一般尺度上，它至少是正直的。

——《一九四六年‧年初的話》

在重病中苟延殘喘的歐洲，

於完全放棄指導性的主動角色之後，

或許會再次肩負起崇高價值的概念，

成為平靜的貯水池、高貴回憶的寶庫、靈魂的避難所。

我和我的朋友到現在為止，

一直期望能在「東方」

那種魔術性語言的意義上發揮作用。

——《感謝和道德性的考察》

我認為，導致人類今天這樣的狀態，

有兩種精神疾病，

即技術的誇大、妄想和國家主義的誇大、妄想。

這兩種精神疾病創造了今日世界的面貌和自我意識，

引發了兩次世界大戰，

我們至今仍身受其害。

在平息這種妄想之前，

仍會引起好幾次類似的騷亂。

——《感謝和道德性的考察》

我一點也不支持鬥爭、行動和反抗，

因為我認為，

想要改造世界的所有意志都會導入戰爭和暴力。

因此，我無法參與反對的行動。

我不能承認簡單就下結論的想法，

也不認為地上的不正和邪惡消滅得了。

我們能改變且必須改變的是我們本身，

我們的急躁、利己主義（包括精神上）、

翻臉無情、欠缺愛和寬容。

除此之外，世界上一切的改革，

不管其出發點是多麼善良，我覺得都毫無益處。

——《書簡》

「我只相信一件事，那就是沒落。

我們乘著車走在深淵之上，

馬一膽怯，我們就處在沒落的正中央。

我們必須死，然後轉世。

偉大的轉換期來了，不管什麼地方都一樣。

大戰、美術的大變化、西歐各國的大崩潰……

在古歐洲中有益於我們的東西全都滅亡。

我們即將沒落。」

　　——《克林古蘇爾最後之夏》

如果世界可以被某些人改革，

亦即如果世界被改造成更有生命、

更快樂、更有冒險心、更愉快，

那不是因為改革者所致，

而是由真正追求利己心的人所造成——

那些不知有目標、毫無目的、只滿足生活和自己本身，

真誠地去追求利己心的人。

　　——《查拉圖斯特拉的復生》

為了使新的文化成為可能，
首先必須在戰爭中打開一條血路，
毀滅掉近代國家以及背離上帝、
精神之現代人的感傷主義。
——《書簡》

記得有一次，
我們大家都穿著莫札特時代的服裝，
舉行盛大的宴會。
我的女朋友突然熱淚汪汪。
我驚異地問她原因。
她說：「為什麼現在的一切都是那麼醜陋？」
於是，我這麼安慰她：
「和以前的時代相比，
現在的生活顯得自由、豐裕而偉大。
從前在美麗的假髮下有頭蝨，
在華麗的化妝性和燭性後有被壓抑的飢民。
我們只回憶從前那個時代明朗、光輝的一面，
所以覺得什麼都好。
我們不一定隨時都能做出理性的思考。」
——《療養客》

第二節

政治

把人性和道德導入政治，

是全世界的人都熱切盼望的。

但該用什麼方法去達成，

我們都不知道。

現在只要在政壇上看到幾張人樣的臉和心，

那麼膽怯和疲倦的世界也會感到喜悅而洋溢著希望吧！

——《書簡》

我並沒有說，

任何人都不可隸屬於某個黨派。

但太年輕時就加入黨派，

很容易受朋友的影響，

失去自我的判斷力。

——《書簡》

今日世界對人類有特別的要求——
黨派、國家和世界道德的教師輩都在宣傳這一點。
根據這個觀點，人必須捨棄自我，
完全放棄人有個性，只來世上一遭的想法，
而去適應未來理想人性的規範，
亦即人是機器中的小齒輪，
是數百萬形狀完全相同的建築石材之一。
我不想否認這種要求的道德上之價值，
但那擁有英雄式、壯大的另一面，我不相信。
專制即使出自善意，也違反自然；
它不會帶來光明的和平，
只會導致狂信和戰爭。
總之，那是對僧侶的要求，
不應該施於一般人。
——《書簡》

我以藝術家的眼光看世界。
雖以民主的方式思考，
但感覺上還是貴族式的。
因為不管任何種類的東西，
可以愛「質」，卻不能愛「量」。
——《書簡》

需要領導者的人要對自己負責，

也要捨棄自己的想法。

——《書簡》

比一般人稍有遠見的我們，

厭惡任何形式的暴力主義，

討厭對人類施加暴力的各種態度。

儘管如此，我們並沒有把希特勒和史達林、

法西斯主義和共產主義混為一談。

法西斯主義是倒行逆施、無用、愚劣、卑鄙的嘗試，

共產主義則是人類尚未進行的試驗，

還沒有陷入可悲的非人性之中。

它不是為了實現愚蠢的「無產階級獨裁」，

而是為了反覆實現資產階級和無產階級間的正義和親密。

由於法西斯主義和共產主義活動的方法很相似，

所以往往被忽視。

但這一點是不應該被忘記的。

——《書簡》

在社會史中，

形成此社會之貴族的嘗試經常是個問題，

也是社會史的先端。

這種貴族政治是形式社會所有的嘗試中，

原有的目標和理想。

——《玻璃珠遊戲》

在我的經驗中，

人類最大、最危險的敵人就是自己懶得思考，

而投身於宗教、政治性之團體的衝動。

在今天這種絕望的時代，

可以看到很多老知識分子，

由於對自己的工作感到厭倦而變更思維，

逃向教會、政黨、天主教和共產主義。

——《書簡》

大部分像我們這種年紀的年輕人，

很遺憾地，都期望受到某些思想上的統御，

無論那是羅馬教堂、路德教會或共產主義，都可以。

有無數人已經接受其統御而放棄了自己。

每次我的老同學轉向教會或其它集團，

我就感到疲倦、絕望。

每當那些不負責任的同學離開了，

像我們這樣的人就感到越來越貧乏，

難以繼續活下去。

——《書簡》

不管多麼勇猛的人，
都可能失去勇氣。
如此一來，就想借助某政黨的綱領，
求得自己的安全或保證。
勇氣需要理性，
但它不是理性之子。
勇氣是從更深的層面中產生出來。
——《書簡》

從藝術、自然或學問中產生對質的感覺，
以為「質」工作為任務的我們，
不管是用西歐式或東洋式的方法，
都不可能去「量」工作，
去助長用數學問題解決人類問題的謬誤。
我們必須為實際上所相信的價值而工作，
即使其工作範圍非常狹窄，
即使只能在自己的生活或小的共同體中，
我們也不為其它價值工作。
就算被車輪輾死，也不推卸責任。
——《書簡》

我一輩子是個人和個性的支持者，

而我不認為有屬於個體的一般法則或方法。

相反，法則或方法不是為了個人，

而是為了多數人、大眾、國民和團體而設。

真正有個性的人大都在此世受苦受難，

但偶爾也會快樂加身。

他們不接受人群的庇護，

而享受自己想像力的喜悅。

一過了青年時代，

他們就必須肩負重大的責任。

——《書簡》

「認識」，即精神的覺醒，

在《聖經》中被看作罪惡的表示

（以伊甸園中的蛇為代表）；

到了人類，則成為由群體走向個人之路。

從道德和習慣來看，它總是遭人懷疑。

年輕人和家人之間、父親和兒子之間的衝突，

雖然自古皆然，但不管哪位父親，

都會認為這是前所未聞的叛逆之行。

——《書簡》

我也曾經年輕。

對我而言，「鬥爭」這個字眼曾讓我雀躍萬分，

對之生發高貴的感覺。

但鬥爭對我漸漸失去魅力，

我變得喜歡所有非戰鬥性的事物、

所有具備高尚煩惱的人、所有沈穩卓越的人。

於是我從鬥爭走向忍耐之路。

那絕不是單純消極的忍耐之概念，

而是從孔子到蘇格拉底和基督教，

一以貫之的「德」之概念。

——《書簡》

西洋人，尤其是最愚蠢、最野蠻、

最喜歡鬥爭的「浮士德性質的人」

（亦即由於自卑感而喜歡說大話，

創造道德規範的德國人）——

非常喜歡鬥爭，而且極力讚美鬥爭。

互毆是他們的美德。

——《書簡》

就連歐洲的理想，也不會成為我的理想——
只要人們互相殘殺，
就算他們接受了歐洲之理想的指導，
我也不相信。
我不相信歐洲，只相信人類，
只相信地上的精神王國，
其最高貴的具體表現則在亞洲。
　　——《赫塞、羅蘭往來書簡》

或許極端悲慘和恐怖的時代就要來臨。
如果在悲慘中仍想找到幸福，
除了精神上的幸福之外別無它物。
此幸福是在往前拯救上一代的教化，
往後則恐怕返回物質時代，
而明朗、有耐性主張精神上的幸福。
　　——《玻璃珠遊戲》

第三節

現代

現代的特徵是渾沌，

「西方的沒落」正在進行當中。

除非是屬於逐漸滅亡的世界，

否則每個人都不知道自己心中的渾沌，

不知道善惡、美醜、明暗的分別。

那是沒有法治的世界。

重新賦予善惡、明暗的區別，

重新決定其範疇，是每個人今天的工作。

因此，在今天的藝術和文學中，

到處都可看到渾沌和造物主。

因為渾沌在被編入新秩序之前，

必須承認和實際體驗它的存在。

——《關於約翰・保羅》

當今世界，

覺醒的人全都生活於絕望之中，

被置於上帝和虛無之間。

我們在上帝和虛無之間呼吸，

像鐘擺一樣，在兩者之間擺動；

我們每天都有捨命的心情，

被少數超越個人和時代的人所支配。

因為怯懦，我們無法成為英雄。

為了變得勇敢，就必須繼承上一代的信念。

——《書簡》

我自己無法判斷，

我的思想和行為是不是德國式的，

然而我相信，

我渾身都是德國人的氣質。

我對個人主義和某種德國式的舉動

或口頭禪產生抗拒和憎惡，

不是因為我自己，

而是為了挽救我的民族而造成。

——《書簡》

我覺得，

德國偉大的思想家對國民沒有直接的影響，

那是德國國民的宿命之一。

——《安格爾·西雷吉烏斯》

德國怠於思考，

不承認對世界大戰和歐洲的現狀，

自己也有重大的責任

（雖說如此，也不能否認，敵人也有重大的責任），

也不企求做道德上的淨化和良心的革新。

德國為了掩飾對世界和自身的罪惡，

利用了不合道理、苛酷的和平條件，

不思考自己的過失和罪惡在哪裡，

從而改過向善，反而與一九一四年完全一樣，

宣傳自己處於不合理的賤民狀態，

將所有的罪惡推給法國人、共產黨或猶太人。

——《書簡》

淘氣的小孩之所以淘氣，

是因為在他們違抗處罰時，

我們還邊微笑邊準備立刻原諒他。

和淘氣的小孩完全一樣，

我們德國人在悲慘的戰爭中，

還不斷地主張我們的敵人一點也不比我們優越。

——《愛之路》

能愛自身而憎恨敵人之樸實的人真是幸福啊！
祖國的不幸和悲慘，
自己一點責任都沒有，
責任當然在法國人、
蘇俄人或猶太人那些所謂的「敵人」身上。
從來不懷疑自己的愛國者真是幸福啊！
　　——《療養客》

即使到今天，
我們也只承認歷史真正的動脈和神性的光輝，
而且衷心期望生活於其間。
對我們的敵人——皇帝也一樣。
如果他們以偉大、像皇帝般的做法退位，
我們大概也會寄予深切的同情吧！
我們還喜歡那些受瘋狂、
盲目的祖國愛和皇帝崇拜所驅使而捨棄生命的年輕士兵，
甚於責罵這些士兵愚蠢的最聰明的民主主義雄辯家。
對我們而言，不管民主國、聯邦國或國家邦聯都一樣。
因為我們只問如何而不問為何。
　　——《世界史》

我們知道有兩種人，而根據這一點判斷人——

想要有自己的主義而生活的人，

和把自己的主義放在胸中行走的人。

不能忍受時代的變遷，

懷著騎士般的夢想，

盡忠於德國皇帝的人絕不會認為那是榜樣。

但我們喜愛那樣的人，

了解他們的心情。

另一方面，

我們輕視那些昨天還滿口吐出忠於王室的愛國言辭，

今天卻高喊革命口號的人。

——《世界史》

我們常認為，

只有在人類心中進行的事才「偉大」，

認為從皇帝信仰轉向民主主義信仰，

不過是更換旗幟罷了。

如果多數人覺得這個轉向超乎旗幟的更換，

那就太幸運了。

——《世界史》

關於德國的政治，

不用說，很早以前我便全心全意投入，

而不覺得憂慮。

我在第一次大戰時體悟了很多，

因而提出許多結論。

此後我便把自己當作中立的外國人，

凝視著德國的命運。

我不再積極參與，

並非表示我對德國漠不關心。

只因德國是我的根，我生長的地方，

我無法和德國很多重要的人分離，

也不能斷絕與德國的語言和文化休戚相關的生活。

就像使自己成為不是自己一樣，

那是根本不可能的。

——《書簡》

現代人，不管是德國人或是誰，

都學會了一種可憎的技術——

一切事情進行得不順利，

就將過錯推給別人。

——《關於給一位德國青年的信》

整個來說，

我無法相信我們的愛。

我想，人性已快式微、乾枯。

但正因為如此，

我覺得拯救人類的沒落不能靠革命，

而繫於愛的魔術。

　　——《書簡》

我曾幾次慷慨激昂地說，

在我們的時代和其精神中，

完全不可能有純粹、誠實、值得生存的方法。

我無條件地相信這件事。

雖說如此，我卻能活下去而不受這個時代的虛偽、

金錢慾、狂信和粗暴的氣質所扼殺。

這主要是因為我信賴兩件事：

在我身上有著自然和親和性的大遺產；

我雖控訴、反對這個時代，

但在工作上，我還不是個不事生產的人。

　　——《書簡》

我推測這種事有可能發生，

就是——希特勒的崇拜者，

經過短暫的時間之後，

會從黨派的陶醉中覺醒，

對這種低劣的趣味感到可恥，

而覺得自己和豬一樣愚昧。

——《書簡》

‧德拉克洛瓦　室內的阿爾及爾女人

我不相信我們的學問、政治，

我們的想法、信仰和滿足的方式。

對我們這個時代的想法，

我一點也不贊同。

雖說如此，我並不是沒有信念。

我所相信的是——

綿延數千年的人性法則。

這種法則，超越我們這個時代的一切混亂，

靜靜地存續下去。

——《書簡》

PART 8

戰爭與和平

第一節

戰爭

暴力確實是罪惡的，

非暴力才是覺醒的唯一之路。

這條路絕不是萬人之路，

不是創造世界史，

進行戰爭的人之路。

所以，地上無法成為樂園，

人類也無法與神合而為一，

世界會被壞人所支配、搾取。

對世事漠不關心的人才會把歡呼和痛恨當作一回事。

少數覺醒的人則在旁等待機會，

反覆地從事解救這個罪惡和權力世界的嘗試，

就好像佛陀、蘇格拉底、耶穌、原始基督教、教友派、

甘地的精神一樣。

——《書簡》

人類文化是由動物性的衝動淨化為精神的昇華而產生，
亦即因羞恥、想像和認識而生。
人生之所以有生存的意義，
在於所有藝術最終的內容和安慰。
雖然讚美生命的人全部難逃一死，
但只有遭遇到不幸的戰爭後，
我們的感覺才比以前更深刻，
才能體會出——
愛比恨更崇高、了解勝於憤怒、和平比戰爭高貴。
——《啊！朋友，停止那樣的調調吧！》

就人類的命運而言，戰爭經常存在。
相信戰爭會消滅的理由，一個也沒有。
矇蔽我們雙眼的是習慣於長久的和平。
戰爭存在於無法住在歌德式精神之國的多數人當中。
戰爭恐怕會永續不絕吧！
儘管如此，克服戰爭依然是我們最高貴的目標，
是西歐基督教文化最終的結果。
和「地上的和平」充滿相同之善意的人類之友愛，
是我們停止不了的最高理想。
——《啊！朋友，停止那樣的調調吧！》

戰爭全都是因為我們太過懶惰，
太過安逸，太過懦弱而引起的。
因為我們仍然默認、容許戰爭，
每次都是因輕視精神或心情，
假借上帝之名，蠻橫不講理而引起的。
——《會達到和平嗎？》

我們堅決地排斥戰爭。
原子彈也和戰爭相同。
製造、改良、貯藏原子彈的是
那些除了聲稱為了在世界大戰獲勝，
自己遭受損害，
必須發展更精良的軍備之外，
什麼都不學的當今列強。
大國的領袖和將領不曾學過什麼，
也不想學什麼。
自從獲得可悲的勝利以來，
他們沒有一天考慮到和平，
甚至可能引發新的戰爭。
他們以及那些幫助製造原子彈的物理學家
是我們的敵人——和平與人類的敵人。
——《書簡‧回信》

冥想和睿智雖是良好而尊貴的東西，
但那不過是人生之側面、片段的光耀。
在人生之洪流中泅泳，
與潮流戰鬥的行為和苦惱，
和睿智一點關係都沒有。
那是無奈的宿命，
我們不得不去做，
不得不去煩惱。
就是神也不是生活在永遠的睿智之中，
祂們也懂得危險和恐怖、鬥爭和殺戮。
　　──《玻璃珠遊戲》

戰爭不是任何人的責任。
戰爭就像暴風雨和打雷，
是自然發生的，
而我們必須有戰爭。
我們都不是發起人，
而是戰爭的犧牲品。
　　──《別的星球來的不可思議之信息》

國王說：「只有戰爭時才允許殺人。

戰爭不是因為憎惡、嫉妒或為自己的利益而殺人，

而是基於全體人類的要求。

但如果你認為我們該若無其事地死去，

那就大錯特錯了。

只要你看到死人的表情，

應該就能夠了解，

他們是痛苦而死，

心不甘情不願地痛苦死去。」

——《別的星球來的不可思議之信息》

如果抗議世界上的藝術家把美麗的建築物曝露在危險中，

可以說只有法國獲利嗎？

如果德國人不讀法國和英國的書，

可以說德國佔了便宜嗎？

如果法國的作家以卑鄙的言辭怒罵敵人、煽動軍隊，

想要做出像動物般那麼粗暴的行為，

可以說世界會變得更好、更健全、更正確嗎？

——《啊！朋友，停止那樣的調調吧！》

我從以前開始，

就絲毫沒有想要去責備，

在自己的世界上分清國界的人。

不過，聽別人讚美法國人的畫就討厭、

一聽到外國話就勃然大怒的人，

在此不予討論。

這種人從古至今，

而今而後都會有。

然而，曾經有所自覺，

幫助了人類文化那種超乎國家之上的建設，

到了今天卻突然想把戰爭帶入精神領域之中——

這種人的想法非常不正確。

他們相信服務人類且超乎國家之人類理念的存在，

是因為那個理念和戰爭不矛盾。

但，如今他們看到必須遭受折磨、危險，

處於生死關頭，

才能保持那個理念，

就悄悄地臨陣脫逃，

而隨波逐流。

——《啊！朋友，停止那樣的調調吧！》

我們文學家在反戰運動中能夠做的事太少了。

就連強有力的羅馬教會，

不只為和平祈禱，

並實際上去幫助和平的實現，

卻也沒有成功。

儘管如此，文學家的精神、

言辭中仍然含有取之不盡的力量。

為此，他們仍負有無盡的責任。

──《回信》

在一九一四年，

對已經成為大人的人而言，

除非擁有悟性和良心，

否則就會因為很不容易進行觀察、判斷而加入戰爭。

那種痛苦絕不像唱著歌、

懷著遠大的理想奔赴戰場的年輕人的苦惱。

直到戰敗了，年輕人才會突然想到，

那不是他們自己進行的戰爭，

而是他們的父親引發的戰爭。

這個時代的人到底想帶給他們的後代什麼？

想留給他們什麼？

──《書簡》

曾在光明普照的剎那間，

相信人類的理念，

相信藝術之美超越世界性學問和國境的人，

全都被可怕的戰爭嚇破了膽而舉白旗投降，

竟不分青紅皂白地把那至上的東西投入毀滅的深淵。

那是件愚蠢的而錯誤的事。

——《啊！朋友，停止那樣的調調吧！》

一旦發生戰爭，隨著戰爭而來，

那些從古以來德國作家所經歷的，

在德國的生活、精神和言辭中所呈現的悲劇性之命運，

比以前顯示出更深一層的痛切。

不負責任、沈醉於激動

或出賣自己的似是而非的文學出現了；

雖是愛國，卻愚劣、虛偽，

不適合德國國民的文學出現了。

連著名的學者和作家也寫出像下士官那種拙劣的文章。

我覺得，不只精神和國民之間的橋樑已經掉落，

精神也已經不存在了。

——《感謝歌德》

世界充滿危險和戰爭的可能性。

「共產黨」絕不是唯一的威脅，

他們同樣是被迫而行。

他們當中的大多數人和我們一樣，

不喜歡殺人，也不喜歡被殺。

威脅著世界和平的是希望戰爭、準備戰爭，

以及漠視和平協定，

或對外敵的侵犯感到不安，

想要我們幫助他們完成計畫的人。

在當今的世界列強中，

想必都有好戰派存在吧！

但因戰敗而被解除武裝的國家當中，

不要說明天，就是今天

也不缺乏願意接受戰爭任務的人。

把和平和真理當成朋友的我們，

不可傾聽或幫助那些商人和野心家。

我們必須不斷地堅持，

除了炸彈和戰爭以外，

還有朝向和平之路的信念。

──《書簡》

國境並不是那麼可憎和愚蠢的。
只要受理性、人性的支配，
人們就不會感覺到國境的存在，
也不會取笑它。
但戰爭和精神錯亂一爆發，
國境馬上會成為重要而神聖的東西。
——《飄泊》

我相信世界大戰可以避免，
不是用新的軍備和破壞的手段，
而是靠理性和協調。
我不相信世界各國用軍備和戰爭能夠獲得長期的和平，
保持自己的尊嚴和自由。
全人類如今分為兩個陣營，
我徹底反對用惡魔的手段相互煽動的瘋狂信仰。
——《書簡》

現在人們已漸漸意識到，

德國和世界所蒙受的損失有多大，

故鄉、美、回憶的寶庫和幻想的源泉損失有多大。

在這種難以忍受的貧困中，

一旦有了新的欲求，

就必須向至今猶源源不絕，

仍可在興之所至時去試喝的泉水尋求，

亦即向輝煌時代的德國詩人索求。

　　──《里奇日記》

將近十年的時間，

我把抗議戰爭、抗議人類粗暴貪婪的愚行

（尤其是宣揚戰爭的「精神性的人」），

視為必要而不可缺的義務。

只要這些事成為我的問題，

我就追根究柢。

那是為了明確我的立場，

並表示我也犯了同樣之罪行的緣故。

　　──《書簡》

歌德在一八一三年沒有寫過一首愛國詩，

卻不能說他絕不是個愛國者。

對歌德而言，他喜愛人類甚於德意志主義。

他是思想、精神的自由

及知性的良心那個國際理念中的市民和愛國者。

──《啊！朋友，停止那樣的調調吧！》

不管是誰，在事前都不會知道，

當他被迫聲稱是為了祖國而殺人時，

是不是有拒絕的勇氣。

他不能說他是為了承認自己的公正，

而準備做最後的犧牲。

而且，不管是誰，都沒有做那種犧牲的義務。

每個人只要做出符合自己能力的事就可以了。

你在危急當頭的時候，

是否能夠公然抗拒殺人的命令，

或者說，是否能夠滿足於默然地表面服從，

應該由你本身內部的指導者──

感情和良心做出決定。

我們不只要問理性和道德，

也必須問我們本身的戀情。

──《書簡》

第二節

和平

和平存在所有人心中，
不論它是屬於思想、願望、提議、
祕密的行動力量中的哪個範疇。
如果每個人對和平敞開心胸，有助於和平，
成為具有和平之思想、和平之預感的人；
如果抱著想成為領袖的堅強意志，
所有志行高潔的人在短暫的此刻，
能專心一致地為和平做出貢獻，
而不受到任何障礙——
唯有這個時候，和平才是屬於我們的。
——《會達到和平嗎？》

所謂和平，也有生命的存在。
所有生命都毫無例外，既充足又欠缺，
必須順應並忍受試煉，經過轉變。
——《玻璃珠遊戲》

有人說戰爭是人類原始而自然的狀態。誠哉斯言。

人類是動物，靠著鬥爭及犧牲他人而生，

並且恐懼、憎惡他人，所以生存即戰爭。

沒有比為「和平」下定義更困難的事。

和平不是天國的原始狀態，

也不是依照協議而賦予秩序的共同的生活方式。

和平是我們難以透徹地理解，

只能單純地探求和預感的東西。

和平是一個理想。

它是用言語難以形容，

複雜、不安定，經常受到威脅的東西，

只要吹一口氣，就能將它破壞。

互相信賴的人，生活在真正的和平中，

比其它倫理性或知性的工作還要困難。

儘管如此，作為思想和願望、目標和理想的和平，

自遠古即已存在。

從幾千年前起，

累積了幾千年經驗的強而有力的金玉良言──

「你不可殺人」這句話，比人性中的其它特質，

更能賦予人類獨具的特色。

它是區別人類和動物的東西，

人類遠離「自然」的原因。

──《戰爭與和平》

我不是區分敵我的那種和平論者。

我不相信用合理的方法如說教、組織、宣傳，

可以帶來世界和平，

就如同不相信在化學家的會議上可以發現賢者之石一樣。

那麼，將來真正的和平會降臨到地球上嗎？

從戒律、物質上的經驗來看都不可能。

真正的和平與人類的進步一樣，

是從認識之中產生。

一般而言，一切的認識都無類型。

如果是充滿生命之物，則只有一個對象。

雖然被幾千人經過幾十次的認識，

用幾千種不同的方法表現，但真理只有一個。

那是我的、你的、每個人心中的認識，

是我們任何人所擁有的神祕魔力、神祕的神性認識。

從這深奧的一點，永遠拋棄了一切對立現象，

而認識了全部的黑變成白、

一切的惡變成善、所有黑夜變成白晝的可能性。

印度人叫它「真我」，中國人稱它「道」，

基督教徒名之為「恩寵」。

在這種最高認識之存在的地方，

跨過一個門檻，就是奇蹟的開始。

此時，戰爭和憎惡都消失不見了。

——《戰爭與和平》

戰敗者有戰敗者的角色和課題。

這個課題，是地球上所有不幸者從古以來的神聖課題。

那是對自身之命運的忍耐；不僅忍耐，

而且是全面接受、理解命運，與之合而為一。

那種不幸並不像從空中降下的霰般未知，

它已浸透到我們身體中，與我們成為一體，

會引導我們的思想。

——《愛之道》

人類對真實的感覺、秩序之欲求，

是存在於內心而無法破壞的——

這個信念好不容易才支撐著我。

不論如何，我覺得今日的世界像精神病院或低級庸俗，

迎合時尚的戲劇，令人欲嘔。

但就像瘋子或醉漢，一旦他們清醒了，

大概也會用不好意思的眼神看著我們吧！

——《書簡》

PART 9

文學與語言

第一節

語言

對說話的人而言，
語言中包含喜歡、沒有關係、偏愛和忌諱的成分。
使用千遍也不怕損耗的日常用語就是莊重的語言。
不管如何喜歡它，
卻只有在很少而特別的機會中才能慎重地說、
寫出適合此莊重程度的語言。
　　──《幸福論》

語言對作家而言，
就像畫家調色板上的畫具。
語言中有無數辭彙，
而且新的辭彙不斷被創出。
但好且真的辭彙並不是那麼多。
畫具雖可用濃淡和混合顏料產生無數色彩，
但也並不是隨意就可畫得出。
　　──《幸福論》

任何民族都把語言和文字視為神聖、魔術性的東西。

命名和記錄原本就是魔術性的行為，

擁有自然精神的魔術性、征服寫字的才能，

在各地都被讚頌為源自上帝。

大多數民族都把讀和寫當成神聖的祕術，

只有祭司階級才能取得。

年輕男子想要學得這種有權威的技術，

是很費力且異於尋常的工作。

那不是輕而易舉的事，

只有少數的人才被允許，

而且必須透過獻身和犧牲才能學到。

如果從現代民主的文明來看，

當時所謂的「精神」要比今天珍貴，

因此被認為是高貴、神聖的東西。

我們對教權、貴族式的文化中，

透過文學之祕密儀式取得的東西到底意味著什麼，

只能模糊地想像。

那意味著卓越和權力、白和黑的魔術，

是護符和魔法之杖。

——《書的魔術》

只要不是在沒有語言的原始世界，

或因機械化而失去語言的世界，

語言對每個人而言，是個人的財產。

對語言有感受性的人，

亦即健康的人，毫無例外，

都能了解字母、拼字、字形、文句的價值和意義。

真正的語言都是由有理解、

使用語言之才能的人去感受和體驗來的，

縱使當事人毫無所覺。

那完全是個人式的，

就算只體驗一次，也無所謂。

　　——《幸福論》

語言就像母親或祖母一樣，

詩人是她忠實而勤勉的僕人、保護者、改革者，

與她共生，分享她的煩惱，

觀察她的健康情形並予以幫助，

經常以新的嘗試和遊戲賦予她勇氣。

看起來像是我們的工具、助手的語言，

實際上是我們的女主人。

　　——《里奇日記》

語言對詩人而言，

不是表現的手段或機能，而是神聖的實體。
就像音樂家的音、畫家的色一樣。
——《感謝歌德》

如同有些音樂家特別喜歡或討厭、

疏遠某樂器或某音域一樣，

大部分人只要擁有語言的感覺，

對某種字和音，以及對母音和字母的排列，

就會產生獨特的喜好或討厭。

某些讀者特別喜好某詩人，

那是因為這位詩人的語言趣味和聽覺與這些讀者相似。

反之，則是與這些讀者無緣。

——《幸福論》

語言有其隱晦的意思。

不論什麼語言，

說出來便與原來的意思有點不同，

有點曲解，有點愚蠢。

但我很高興看到，也認為是對的——

某人認為有價值、有智慧的事，

在另一個人眼裡，常會覺得愚蠢無比。

——《希達塔》

達到真正之教養的重要途徑之一就是研究世界文學。

研究世界文學，

可以讓我們逐漸親近許多民族的詩人與思想家，

他們在各自的著作中所遺留下的極其龐大的寶藏——

思想、經驗、象徵、空想及理想。

這條道路是永無止境的，

任何人都無法走到終點。

僅僅研究一個文化性民族的全部文學，

也不可能完全精通，

更何況是人類的全部文學。

但了解、體會第一流思想家、藝術家的作品，

其本身就是一種實現幸福的體驗——

不是對死知識，而是對生氣勃勃之意識與理解的體驗。

盡可能不要廣泛地閱讀，而在閒暇時自由選擇。

讓我們沈溺於其中的名作，

以了解被人類所思考、所追求的寬廣與豐盈，

對整個人類的生命與振動產生多彩的共鳴。

這一切生活的意義，絕不只是為了滿足實用的需求而已。

——《世界文學圖書館》

隨著事情的增加，

語言會使詩人感受到不自由和束縛。
有時，他會從心裡憎恨、責備、詛咒語言——
毋寧說，那是詛咒天生靠著這種貧乏之方法工作的自己。
——《關於語言》

真正的教養絕不是為了什麼目的，

它同於一切以完美為目標的努力，

其本身就具有意義。

為了增強體力、技能和美而做的努力，

並不見得可以使我們富裕、成名或強壯，

但它提高了我們的生活情趣與自信，

讓我們覺得更快樂、更幸福，

並賜予我們心靈上的自信與健康。

因此，與此相同的「教養」，

也就是說，並不是努力追求精神上的完美，

以及以某些有限目標為標的的艱辛道路，

卻能激勵我們、愉悅我們，

擴大我們的意識範圍，

增加我們生活與幸福的可能性。

真正的教養如同真正的體育，

是實踐，亦是刺激，從任何方向出發都可達到目的，

但在任何地方都不能停息。

真正的教養存在於無限世界中任何一處的旅途上，

與宇宙一起呼吸、振動，在超越時間的時間中搖盪。

它的目標不是為了提高人的能力與成就，

而是幫助我們賦予生活意義，

解釋過去，並以無畏的心面對未來。

——《世界文學圖書館》

讀書，要走愛的道路，

而非義務之路。

如果只因為某書非常著名，

不認識它是一種羞恥，

而勉強自己去閱讀，這是錯誤的。

所有人都應該從最適合自己的地方開始閱讀、

認知，並愉悅自己。

有人在學生時代初期已經發覺自己特別偏愛美麗的詩句；

有人喜愛歷史或傳奇；

有人喜好民謠；

另一些人則探索自己的感情，

並藉卓越的知性加以解釋。

他們一定都覺得讀書有種令人心悅神怡的魅力。

閱讀之路有數不清的層面，

可從學校的教科書、日曆出發，

而終止於莎士比亞、歌德或孔子。

他人推薦給我們的作品、

想讀又引不起興趣的作品、

與自己意見相左且無法融入其中的作品，

我們應該放棄，

不必勉強去閱讀。

　　——《世界文學圖書館》

越是長年賣力工作，

就越覺得靠語言工作的困難，
也越產生懷疑。

——《原哥町的體驗》

有人一生只讀過十二本書，

仍然是真正的讀書人。

也有人走馬看花般閱讀許多作品，

對任何事物都能頭頭是道地表示意見。

但這些人的一切努力都白費了，

因為所謂教養，

必須以一些可被教養的事物為前提，

性格與人格即屬之。

如果沒有這些，

教養就沒有實體，只在空虛中進行，

那麼也許可以獲得知識，卻無法產生愛與生命。

缺乏愛的讀書、缺少敬畏的知識、

沒有心的教養是戕害精神的最大罪惡之一。

——《世界文學圖書館》

讀書，絕不是只為了使我們心情愉快，

我們應集中精神去讀。

讀書，並不是要打發無趣的生活，

用外在的慰藉麻痺自己；

相反，是在幫助我們逐漸提升並充實自己的生活。

——《世界文學圖書館》

不僅讀書，還必須買書。

對經驗豐富的愛書者或已經擁有不少藏書的人，

我可以憑個人經驗斷言——

買書不單對書店和作者有益，

而且可以獲得特別的喜悅與獨有的適應觀。

譬如在阮囊最羞澀的時期，

仔細研究各種圖書目錄，

克服一切困難，

靈敏、堅忍、緩慢地利用最廉價的普及本，

造出小而精美的藏書庫，

這就是一種喜悅，一種有魅力的競賽。

　　──《世界文學圖書館》

一度超越某一時期，

繼續發揮作用，

以顯示其真正價值的精神瑰寶，

都是屬於全人類的既存寶藏，

而且會隨不同的時代潮流與精神要求，

再度被提出、檢討，並使之復活。

　　──《世界文學圖書館》

不要過分鼓勵孩子或太年輕的人

專門去閱讀某一範圍的書。

否則，年輕人會終生嫌惡精美的作品，甚至厭惡讀書。

——《世界文學圖書館》

凡最古老的作品，

一點也不會陳舊。

今天流行的暢銷書，

也許到明天就會被淘汰；

今天新奇有趣的事物，

後天也許就成了明日黃花。

幾世紀以來，

始終維持其生命，

至今仍未被遺忘、湮滅的作品，

其評價在我們活著的時候，

也許仍然不會有太大的變化。

——《世界文學圖書館》

從報紙或眼前所見的現代文存中，

我們無法學習崇高之範疇定義下的閱讀。

這只有靠讀真正的傑作才能達成。

大多數名作都不像流行讀物那樣甜美，那麼富於刺激性。

名作需要人們認真地接受與獵取。

——《世界文學圖書館》

今日社會似乎頗有輕視書籍的傾向。

年輕人往往認為，

捨朝氣蓬勃的生活而沉湎於書本，

是可笑而且沒有價值的事。

這類年輕人為數甚多，

他們認為人生太短暫、可貴，不能耗費在書本上。

他們往往一星期六次泡在咖啡館的音樂或舞會中，

白白浪費了許多光陰。

現實世界的大學、工作場所、

交易所與娛樂場所也許極為靈性而富有生氣，

可是終日停留在這些地方，

難道比每日為古聖先賢、文士詩人留下一、兩小時，

更接近真實的人生嗎？

的確，過分耽讀，有害無益，

書本有時也會與生活做不純的競爭，

但我仍然要勸告大家，

應該獻身於書籍。

——《世界文學圖書館》

在我們證明古今名作的真正價值之前，

先要靠名作證明我們自己的真正價值。

——《世界文學圖書館》

《書本》

這世上任何書本，

都不會帶給你幸福。

但它會悄悄教育你，

讓你找回自己。

在那裡有太陽、星星、月亮⋯⋯

有你需要的東西。

因為你追求的光芒，

就住在你心中。

於是你可以在書中，

看到長久以來追求的智慧，

從所有的書頁上綻放光芒——

因為現在這個智慧已屬於你。

當今世界的危機，

是它即使不至於沒落，也和沒落相似。

這樣的情況如果繼續下去，

很多書都要和其它值得愛的東西一起被消滅。

昨天依然神聖，

今天仍受部分著重精神生活的人所尊敬的那些重要的書，

明後天就可能完全被埋葬，被人遺忘。

——《世界的危機和書》

書雖然在美學、文學上沒有價值，卻有很大的影響。

這些影響很多看起來都是合理而可計算、

可預期並估計的東西。

但事實上，世上的現象完全不合理，無法則可循。

——《祕密》

人類非得自自然的賜予，

而是從自己的精神世界中創造出來。

書籍的世界是最大的一個。

當一個孩子把他最初的文字塗抹在黑板上，

第一次試著去閱讀，自此，他雖窮一生之精力，

也未必能完全了解如何去運用那些法則或遊戲的規則。

他們向極度複雜的人工世界跨出了第一步。

——《書的魔術》

真正能夠讀一位詩人的詩——

亦即不問什麼、不期待知性或道德上的結論，

準備老老實實地接受詩人所給予的東西，

這樣的人，詩人的作品即是他本身的語言，

能給予他所希望的所有答案。

——《卡夫卡解釋》

沒有語言，沒有文字和書籍，便沒有歷史，

也不會有人類這個概念。

想在家中或在一個房間裡，

在那些幽靜之處，

壓縮人類的歷史為己有，

唯有依照精選書籍的方式去做。

——《書的魔術》

今日，文字和精神的世界已經為千千萬萬人打開。

不僅如此，如有人逃避這個世界，

仍會被強制著拖進去。

時至今日，能讀能寫，

已等於吾人之能呼吸，

至少也等於能騎馬一般。

今天的文字和書似乎已被剝奪一切特別的價值、

魅力和魔術，善的神祕性業已消逝，

任何人都能親近了。

這種想法，從民主的自由主義立場來看，

是一種進步、一種澄清；

但從另一角度來說，這是精神價值的損失，是通俗化。

——《書的魔術》

當你在欣賞花，聞著花香時，

不要有想把花摘下，放在顯微鏡底下，

探測花為什麼會有那種形狀和香味的念頭。

你應該靜靜地，以謎樣的眼光，

去品味花的顏色、形狀、香味和花的整體。

你對花的體驗是否豐富，

決定於你靜靜地投入觀賞之程度的深淺。

你對詩人所寫的書，也必須和對花的態度一樣。

——《書簡》

・奧圖・繆勒　浴者

越是隨著娛樂或民眾教化上的需要，

雖有其它發明物足以滿足，

書籍必能回復它的價值與權威。

因為文字與書籍有著不朽的作用，

雖是極端幼稚且醉心於進步的人，

也不容他們不了解。

語言的表現、文字的傳達不僅是輔助手段，

而且是人類保有歷史和持續自己之意識的唯一方法。

這一點將更為明確。

——《書的魔術》

第二節

創作

詩的成立非常簡單、明瞭。

那是一種爆發、一個叫聲、一縷歎息、一陣靈魂的激動；

是想要反抗某個經驗或自我覺醒的行為、反作用。

——《關於詩》

寫作就像其它所有藝術一樣，

乍一看，即使寫得多順，

也不可能符合或類似作者原定的目標。

它有時就像凝結於——

冬日房間窗戶上的小花一樣漂亮、有趣，帶給我們安慰。

我們從窗戶上的冰花看到的，

不是兩種溫度的交戰，

而是內在的心靈和夢中的森林。

——《療養手記》

詩

是詩人的叫聲、夢、掙扎和微笑。
——《關於詩》

只讀別人的詩，談不上有什麼本事。

不是每個人都會寫詩嗎？

真是那樣就好了。

就算寫的詩非常拙劣，

也比讀好詩，能帶給人更多的幸福。

——《關於詩》

詩人表達出來的東西

不及想要表達的十分之一或百分之一。

詩人對自己所說的內容，

只要被人大致了解，

至少在重要的觀點上不受太大的曲解，

就覺得很滿足。

但能夠得到這樣的結果，微乎其微。

——《關於語言》

如果你不著迷於詩的精神，

不認為放棄做個詩人會立即死亡，

你就別想成為詩人。

——《書簡》

我不敢說你是否能夠成為詩人。

沒有十七歲的詩人……現在比從前更可以這麼說。

如果你擁有天分，那是天生的，從小便擁有了。

然而，從這種天分中是否可以產生什麼？

是否能夠用你的嘴巴證明？

那不只是天分的問題，

而在於你是否能認真地思索你自身和你的人生，

誠實地生活，且斥退因才能而受到的誘惑。

亦即在於你能做出多少犧牲和貢獻。

——《書簡》

商業顧問遇到詩人，問他今天的工作做完了嗎？

詩人非常正經地說：

「當然！上午我把昨天寫的東西看過一遍，

最後再修改一處文章。」

顧問問道：「那下午呢？」

詩人說：「下午再一次仔細研究整篇文章，

把修改過的地方再改回來。」

這是我在修圖特哥爾德牙醫那邊讀到的文章，

我怎麼也忘不了。

——《書簡》

我現在所從事的文學，

幾乎不是靠著理想、意志、勤勉就做得來。

新的作品對我而言，

是在一段時期的經驗和思考凝鑄而成的象徵性人物

浮現在我眼前的剎那誕生。

這些神話性人物的出現都在創造性的瞬間完成。

我寫的散文作品，

大致上都是我內心的自傳。

其情節的錯綜緊張並非問題的核心，

核心是在世界和自我的關係中，

觀察神話性人物的獨白。

——《某個工作之夜》

對作家而言，

寫作經常是充滿瘋狂、令人興奮的事，

就像乘著一葉扁舟橫渡大海，或獨自飛行宇宙一樣。

字斟句酌，同時將寫就的整篇文章充滿感情地吟唱出來；

推敲文章、潤飾辭句，

同時用神祕的方法使整篇文章結構嚴謹、感情充沛——

這是緊張而令人雀躍的工作。

——《療養客》

我再次經驗那短暫、美麗、艱辛但令人雀躍的時期。

那是一個作品超越危機，

關於「神話性」人物之所有思考，

和生活之感情敏銳、清晰、強烈地經過我面前的時期。

這個時期呈現了完成一本書所有題材、

經驗和思想融合的狀態。

錯過這個時期，必無法捕捉此素材而形諸筆墨。

這樣的時期，有尚未完成或尚未付梓的書。

一旦錯過收獲的時期，

作品中的人物和問題就會突然遠離我，

失去迫切性和重要性。

比如《卡門欽德》、《庫奴爾布》和《德密安》，

今天對我而言，已不再具有現實性了。

──《某個工作之夜》

對文學工作，必須集中全部的精神，

在創作衝動極度緊張時，

才能克服外部的妨礙和干擾。

我無法信任那些必須有舒適的桌椅、充足的光線、

慣用的文具、特殊的紙才能工作的作家。

──《療養客》

不管什麼樣的生活、什麼樣的作品，
都無法符合當事者的理想要求。
決定自己的存在和行為是否有價值，
不是人類可以辦得到的。
　　——《關於一位詩人為選集作序》

能否使精神病患恢復正常這個問題，
亦即在某種時代和文化狀態下，
精神病患是否比犧牲所有的理想而順應時勢的人
更正確、更崇高、更值得尊敬？
這種令人恐懼且震撼心靈的問題，
是我所有著作中的主題。
　　——《療養客》

我很想找出可以表現二元性的辭句，
很想寫出可以不斷看到旋律和反旋律，
統一、詼諧又表現出正經的章句。
因為對我而言，
生存是在世界兩極之間搖擺，
也就是往來於兩極世界的支柱之間。
　　——《療養客》

我認為作家應編輯的要求寫作，
而不是因為自己想寫才寫，
根本上就是一種錯誤。
——《書簡》

我現在突然徹底覺悟，
感到心灰意冷——
我的小說不是小說，
我完全不是個小說家。
儘管如此，每個人卻都以為我在寫小說。
這是我真正的罪惡和弱點。
——《關於一位詩人為選集作序》

我有兩、三部作品不受人賞識，
被一般人誤解，但多年以來，
它們成為我的一種誇耀和竊喜。
它們是我最好的作品，
屬於我的親友所有。
那是我的庭院而不是公園，
我可以一個人在當中散步。
——《書簡》

到了七十三歲，

仍然樂見談論自己和自己之作品的文章，

希望自己的讀者增加，

提高自己對讀者的影響力。

事實上，這也是一種悲哀。

我老早以前就已捨棄這樣的希望，

連我對自己的著作，

能帶給世人道德性影響的自滿也已消失……

——《書簡》

我對有人宣傳和翻譯我的著作並不感興趣。

如果我死了五十年，

在世界上某處，

仍然有人關心我的著作，

不論哪一國人，

在我的作品中選擇適當的文句據為己有也沒關係。

反之，過了五十年，

已經沒有人記得我的作品，

就這麼銷聲匿跡也無妨。

——《書簡》

第三節

文學

文學只有在真正是文學的地方產生。
亦即文學只產生於創造的象徵之處，
並且由此發生作用。
——《書簡》

形式上華麗而有價值的音樂或繪畫，
非常年輕的作者也作得出來。
但流傳於後世的有價值的文學，
幾乎毫無例外，
只有成熟、有豐富之經驗的人才寫得出來。
對詩人而言，
無所謂可以具體學會的技術。
年輕詩人乍看文學，似乎覺得很容易，
結果卻變得比成為其他藝術家還難。
——《書簡》

成為聰明人和講機智的話，

與文學一點關係都沒有。

——《書簡》

真正的文學大致上具有兩種價值：

使單純的大眾喜歡，

也使少數上層知識人興奮、熱中和感動。

這不一定同時發生。

擁有複雜、嶄新之技巧的文學，

在使大眾對它著迷之前，總需要一段時間。

再者，被有教養的高尚人士視為太單純、低俗的文學，

也有的到了後來才被發現其真正的價值。

也就是說，有教養的人只是有教養罷了，

並不見得比一般大眾聰明。

——《書簡》

文學所具有的根本價值，

亦即關於其語言上的力量，

一般大眾的判斷比用語言學或美學去分析、

判斷更正確無誤。

尤其是在下否定性判斷時，

一般大眾的批判比有知識的人更痛切。

——《書簡》

在歌德時代，

也有很多娛樂性讀物，

並有它們固定的讀者。

和今天一樣，

娛樂性讀物受到讀者和書評家的閱讀和批評，

其作者也不會認真地接受而滿足他們的要求。

人們花錢閱讀通俗作家和其書評家的作品，

讀完之後立刻忘記。

另一方面，我認為，

真正的文學是為了流傳久遠而寫的。

所以我覺得，對娛樂性讀物，

我沒有表示關切的義務。

——《好的書評家和壞的書評家》

文藝作品所採用的即使是世界史中最輝煌之時代的題材，

也可能毫無價值。

反之，即使採用像遺失的別針、

燒焦的湯那樣缺乏價值的題材，

也可能成為真正的文學。

——《讀某本小說》

就像任何時代

都必須有它的政治、理想、流行樣式一樣，
文學也必須是它那時代的文學。
——《紐倫堡遊記》

文學不是精神上缺乏也無所謂的附屬品，
它是精神上最強而有力的機能之一。
——《書簡》

只從詩和小說中抽取其思想、傾向、
教育性和教化性的內容而感到滿足的人
實在是太容易滿足了。
他們看不見藝術作品所具有的祕密和本質。
——《卡夫卡解釋》

所有的文藝作品，
不是只靠其內容就可創造出來。
毋寧說，內容並非絕對重要，
作者的意圖同樣也不重要。
對藝術家而言，
重要的是能否以意圖、意見和思想為契機，
以語言為材料創造出作品。
這個不可估計的價值，
比內容上所測得的價值還要高明。
——《療養手記》

解釋文學作品是一種智性遊戲、非常有趣的遊戲，

對未曾研究藝術的聰明人而言，也不是壞事。

這種人可以閱讀、寫作有關黑人的雕刻和十二音階音樂，

卻找不到進入藝術作品內部的通道。

他們經過門前，

想用各種鑰匙打開門鎖，

卻未發覺門事實上已經打開，

根本沒有上鎖。

　　──《卡夫卡解釋》

現代人所寫的文章，

其價值不在於為現代和長久的將來創造出一種形式、

一種古典的可能，

而在於面對困窮，

盡可能去追求率直。

率直、坦白地對自己最終投入之工作，

對自己年輕時所嫻熟親近的美之表現的要求──

我們這個時代的所有文學都在此兩個要求之間，

絕望地搖擺。

　　──《紐倫堡遊記》

現代的德國文學，

百年來充滿著不見小說的小說，
和不是小說家而裝出像小說家的詩人。
——《關於一個詩人為選集作序》

你所呼叫、閱讀，
或是你所喜愛、責問的那個赫塞，
是你自我的一個身影。
赫塞是你的影子，
你呼喚他——
不論好壞，都是在呼喚你自己。
——《書簡》

直到目前為止，
專家和有識之士在文學上，
對戲劇評價最高，
那是理所當然的事。
因為不管怎麼說，
戲劇中有很多以多元性表現自我的可能。
——《荒野之狼》

過渡期的文學、有問題而不安定的文學，
坦白、率直地陳述其本身和當代的窘境——
這一點是它的價值所在。
——《紐倫堡遊記》

我們必須讀杜思妥也夫斯基的作品，

是在我們遭受悲慘情況，

呼吸著絕望，

看不到希望之光時。

當我們在悲慘中，

獨自凝視著生命的姿影，

受到那種強烈又淒美的殘酷打擊，

已經無法掌握生命的意義，

不想參與生活中的任何事，

我們會對著詩人非常精彩的音樂張開雙耳。

這時候，我們已經不是觀眾，

也不是讀者和書評家。

這時候，我們是他的作品中那些可憐之人類的兄弟，

憂慮著他們的苦惱，

和他們一起被逼到角落喘氣，

注視著生的漩渦和永恆的死亡之石磨。

就在同時，

我們也傾聽杜思妥也夫斯基的音樂、他的安慰、他的愛，

開始體會出他那個令人毛骨悚然，

彷彿屢屢看到地獄之情況的世界中不可思議的意義。

　　——《關於杜思妥也夫斯基》

歐洲青年，

尤其是德國青年，

認為偉大的作家不是歌德，

也不是尼采，

而是杜思妥也夫斯基。

我覺得，它對歐洲人的命運有決定性的意義。

——《關於歐洲的沒落》

・孟克　春情

我絕不認為電影是「惡魔的行為」。

電影至少不反對和文學、書本競爭。

但是，經過純粹思考而製作出的電影，

和把已完成的文學作品當成自己的東西——

為了自身之目的而利用的電影，有極大的差異。

前者是書本正當的業績，

後者則是剽竊，講體面一點，是借用。

在我的想法中，純粹用文學方法，

亦即純粹使用語言而發揮效力的文學作品，

不能被當作「材料」，

被擁有其它方法的其它藝術所盜用。

不管在什麼場合，

那是一種侮辱和野蠻的行為。

譬如把《罪和罰》、《包法利夫人》等

文學作品拍成電影，

不管多麼別出心裁，

拍攝得多麼細膩，

也負了最大的道義責任，

這些文學作品真正最深的含意還是難免遭致破壞了。

做得最好，充其量也只能獲得把這些作品翻成世界語罷

了。

——《書簡》

現代的德國文學是短暫而絕望，

在未耕作的瘠土上培育的幼苗，雖有趣味，充滿問題性，
但欠缺結出圓熟、充實、持久之果實的能力。

——《紐倫堡遊記》

把創作和製作電影視為完全相同，
或認為兩者之間擁有許多共通點，
是一個謬誤。
對此，我絕不想祖護詩人。
那和我的意思差很遠。
但想用語言和文字敘述故事的人，
和想用攝影表達同一故事的人，
在根本上全然相異。
就像照相不會傷害繪畫一樣，
電影也不會帶給文學損害。

——《書的魔術》

在《浮士德》書中，
聚集了浮士德、魔鬼、華格納和其他人物，
成為一個統一體，
亦即超乎個人的集合體。
靈魂之本質不是從每個人物之中產生，
而是在更高層次的統一體中得到暗示。

——《荒野之狼》

第四節

詩人

我的使命不是客觀地寫出最好的東西，

而是盡可能純粹、誠實地寫出我自己的東西，

不管痛苦或嘆息。

——《書簡》

詩人的工作具有很多意義，

並非只決定所謂重要的事。

要成為日後之讀者的保護人，

並非只在混沌的世界中選擇有價值、

真正重要的東西傳達給讀者。

正相反——詩人的工作是在反覆說明、

傳達所有瑣細的事中有永遠偉大之物存在。

上帝無所不在，在所有事物之中。

——《威廉·謝發的一個主題的變奏曲》

詩人

是讀取周圍世界之良心狀態的指針和地震儀。

——《書簡》

我認為詩人帶給人的正面意義，

是某些讀者短時間內喜歡上詩人所寫的書，

然後予以拋棄，

但他們的生活藉此有了變化、強化、淨化的經驗。

——《書簡》

詩人的任務，

至少像我這類詩人的任務，

不是思考出理想、虛構、完美、模範的形象，

以之作為教化時模倣的標的，呈現在讀者面前。

詩人應該非常嚴謹、忠實地表達出含有純粹之空想，

自己所體驗到的東西。

——《書簡》

詩人最終又有什麼好處？想要以詩人的身分，

將複雜的世界和自己的關係表現出來的人，

除了用知性的方法外，還有更適合的方法。

——《赫塞、羅蘭往來書簡》

我是詩人、探討者、坦白者，

我必須為真理和誠實效力。

（美也屬於真理。美是真理的一個現象、形式。）

我有一個任務，

就是我必須幫助其他探討者了解世界，

即使只給他們並不孤獨的安慰。

——《書簡》

從魚、鳥和猴子的階段進化到現代的武力型動物——

人，這個漫長的過程，

從現代人進化到未來真正的人類或神的漫長過程，

使我們一步一步往前進的，不是「正常人」。

正常人是保守、安於現狀的。

正常的蜥蜴絕不會嘗試飛到天空；

正常的猴子不會想從樹上下來，

在地上直立行走。

嘗試在地上走路的第一隻猴子是猴子中的幻想家、

怪物、詩人和改革者，而不是正常的猴子。

——《關於憑空想像》

有所愛，對詩人而言，

是意味著將所愛者攬入自己的空想之中，
在空想中將它抱緊，取暖，予以玩弄，
將自己的靈魂滲入，給予其生命。
——《療養客》

我一點也不認為我的任務是——
令人想到一般人和自己生活中有無數深淵，
而那是無害的。
我覺得我的任務是——
用文字表達出人類宿命中的煩惱和痛苦，
承認它今天所顯示於世人之前的面貌，
並與之共煩惱。
——《書簡》

就算連一個人物都描寫不出來，
一個人的狀況都無法明確地表達出來，
最愚劣的詩人，
仍然有一件事他沒想過卻做得很好——
就是常在他的作品中暴露他自身。
——《好的書評家和壞的書評家》

向真正的文學家問道：
「選擇別的題材不是更好嗎？」
就如同醫師向肺炎患者說：
「不如感冒算了！」
——《好的書評家和壞的書評家》

詩人的虛榮心比一般具有思想家素質的人所想像的還大。
但是，認為思想家的才能和虛榮心
可以相互抗衡的見解是錯誤的。
實際狀況與此相反。
注重精神生活的人很少有虛榮心，
去在意別人的反應和喝采。
——《紐倫堡遊記》

生來就具有職業上之才能的人，
不論何時看起來，都令人快樂。
但這樣的人偏偏不多見。
譬如天生的花匠、天生的醫師、天生的教育家，
還有最卓越的天生詩人。
天生的詩人縱使看起來和他天賦的才能不配，
或只滿足於自己的才能，
而沒有顯示出將才能化為作品的那些忠實、
勇氣、忍耐和勤奮的能力，卻經常使人著迷。
他是自然的寵兒，
擁有忠實勤奮地工作而善良的人所無法取代的稟賦。
——《好的書評家和壞的書評家》

看不見我們的特色，

不知道我們所要表達的是什麼，
或是由我們不重視的人所做的書評，
不論是最高的讚辭或激烈的責難，一點效果也沒有。
——《好的書評家和壞的書評家》

我心中所認定的詩人，
他的任務不在於區別地面上有意義和無意義的事。
正好相反，他擔負的神聖任務是在告訴我們：
「意義只不過是個字眼。
地上任何東西都無意義或所有東西都有意義，
用不著認真思考，也不可不認真思考……
這些發人深省的事。」
——《威廉‧謝發的一個主題的變奏曲》

以冷靜的眼光觀之，
所謂詩人，對一般大眾而言，
是可有可無的珍貴之例外。
但書評家是新聞業發達的結果，
公共生活不可欠缺的要素，
是一種職業，一個經常的機構。
對批評的需要，似乎就存在於現實當中——
不管是否符合對文藝作品的需要和對文章的要求，
社會必須有個機構，以接受專家對時事問題的理性解釋。
——《好的書評家和壞的書評家》

好的書評家具有強烈的個性，

能敏銳地表達自我，

所以讀者可清楚地知道或感覺出，

自己正在讀何等樣人的文章？

映入自己眼簾的光芒是透過哪種感覺？

因此，天才的書評家可能一輩子排斥、

輕蔑和攻擊天才詩人。

但從他對詩人反映的方式，

也能得到關於詩人之本質的正確觀念。

　　──《好的書評家和壞的書評家》

受到有力量的書評家判定、診斷，

就好像受到名醫診察一樣，

有時驚訝，有時傷感。

和騙子的饒舌全然不同，

即使被下了死亡的宣告，

自己也知道能夠認真接受。

可是從心底深處，

絕不會全面相信。

　　──《好的書評家和壞的書評家》

PART 10

藝術與藝術家

第一節

藝術

即便是非常漂亮的少女，

她的美麗也有限度，

超過此限度，

她就要衰老，死亡。

那麼，真的認為那個少女美麗嗎？

即使美麗永不衰弛，

一開始或許會感到快樂，

逐漸地，還是會以冷淡的心情看著她，

最後也許會說：

什麼時候看都和今天一樣，一點也不新鮮。

反之，對脆弱、易變的東西，

不只喜悅地看著，還抱著同情的念頭。

——《庫奴俑布》

人在看到最美的東西時，

喜悅之外，經常懷著悲哀感和不安。

—— 《庫奴爾布》

恐怕所有藝術和精神的根本，

都是基於對死的恐懼。

我們恐懼死亡，害怕無常，

我們經常悲傷地望著花謝葉落，

在心中感到我們的生命也是短暫的，

沒多久就要衰老。

我們的藝術家之所以要繪畫，

思想家之所以要尋求法則，使思想公式化，

是因為想從死神的舞蹈中，

至少救出某些東西，

並樹立比自己長壽的某些事物。

—— 《那奇斯和歌爾特蒙德》

沒有比發射到夜空中的火花更美的東西。

那模糊、魅惑、多彩多姿的火花，

在黑暗中被發射到天空，

眼看著被吸入闇夜之中。

越美的東西就越短暫、縹緲，

就像人類所有喜悅的象徵一樣。

—— 《庫奴爾布》

要求的眼光是不純的，
事物的形貌是扭曲的。
到了我們一無所求，
用純粹之眼觀賞事物時，
事物的靈魂，
亦即美的姿容，
才開始現身。
　　——《關於靈魂》

藝術家給予我的是對無常的克服。
我知道，在滑稽的人生戲劇和死神的舞蹈中，
某些東西可以繼續生存，
流傳後世，那就是藝術品。
儘管藝術品也會產生變化，
被燒燬、打碎，但它還是可流傳好幾個世代，
在瞬間創造出形象和神聖的寂寥之國。
我認為，創造藝術品是一種安慰人心的好工作，
因為它使無常接近永恆。
　　——《那奇斯和歌爾特蒙德》

沒有虛幻，

就沒有美麗的東西。

美和死、歡喜和無常，是互相追求、相互制衡的。

——《療養客》

藝術的特質不僅僅是藉由石頭、樹木、顏色，

把現存但已死滅的東西從死神手中奪回，

並且使其存續得更久。

——《那奇斯和歌爾特蒙德》

優良的藝術品，

其原有的形式不是實際上的人物。

實際上的人物是藉著藝術品才能成立。

原來的形式不是肉和血，

那是屬於精神上之物，

那是藝術家靈魂中所擁有的故鄉之容態。

——《那奇斯和歌爾特蒙德》

你用錢買得到的東西，隨時都可拿到手。

遺憾的是，你必須知道，

最善、最美、最可喜的東西不是用錢可以買到的，

就像用錢買不到愛一樣。

世上最美、最可喜的東西，

只有付出自己的心，才能得到。

——《關於給某俗人的信》

藝術是父親世界和母親世界的精神與血的統一。
藝術能從最富於感覺性的事物開始，
與最具抽象性的事物相通；或者從純粹的觀念世界開始，
結束於肉體的感官世界。
藝術作品不僅是真正崇高、單純巧妙的魔術，
也充滿永恆之祕，擁有雙重面目，
即男性和女性、本能和純粹精神。
　　——《那奇斯和歌爾特蒙德》

在我的詩作中，
「見不到對現實的普遍尊敬」，
常被看成是一件美中不足的事。
繪畫時，樹有各種面貌，
大部分人都分不清那是梨樹或是栗樹。
所以，對這個責難，我不得不心甘情願地接受。
坦白說，就連我本身的生活，
也經常被說成和童話一模一樣。
我自始至終看到和感覺到，外界和我的內在，
存在於魔術性的關係和調和之中。
　　——《魔術師略傳》

・惠斯勒　白色交響樂・白衣少女

藝術是人類機能的一種，
關懷著人道和真理是否永遠存續，
不希望全世界和全人類的生活因憎恨、
黨派而分裂成希特勒派和史達林派。
藝術家愛人類，和人類一起煩惱。
他們比政治家和企業家更了解人類。
——《書簡》

如果我沒有記錯，
教育終究不是昂貴的經驗。
我總是對教育是否能變化人的氣質
這件事強烈地感到懷疑。
比較起來，我更信賴美、藝術、
文學所具有的溫和性說服力。
我自己年輕的時候受到它們的薰陶，
比任何公、私立教育還深，
並引發了我對精神世界的好奇心。
——《書簡》

是畫！

萬物只不過是畫像。

——《愛麗絲》

外界常說，我對現實欠缺感覺。

意即我所寫的詩、所繪的畫都不合乎現實。

實際上，我在寫詩時

常常忘記有教養的讀者對正當讀物的要求。

真的，對現實的尊敬，我特別缺乏，

因為現實非常令人厭煩地存在於任何地方。

我們所要注意和關懷的，

是比現狀更美、更重要的東西。

現實是在任何情況下都無法被滿足，

受到崇拜和尊敬的東西。

因為現實即偶然，它遠離生命。

這個醜惡，經常帶給人幻滅、落寞之感的現實，

我們除了否定它，表示我們堅強的一面之外，

心意是不會改變的。

——《魔術師略傳》

藝術的形體在具體化而擁有現實性之前，

其形貌已存在於藝術家的靈魂之中。

那個形貌即原有的形式，

和從前的哲學所稱的理念完全一致。

——《那奇斯和歌爾特蒙德》

第二節

藝術家

大多數藝術家都兼備兩個靈魂和兩種性質。

在他們身上有上帝與魔鬼、

父親的血液和母親的血液、

享受幸福的能力和接受痛苦的能力，

兩種存在對峙、糾纏。

所以，他們無法過寧靜的生活。

但是，在極少數的幸福時刻，

他們偶爾也會體驗到強烈到難以形容之美。

在這樣的時刻，幸福升揚，濺起炫目的飛沫。

這短暫而輝煌的幸福，

吸引了被煩惱之大洋遮蔽的人。

在煩惱的大洋中，那迎風翻騰，

珍貴而短暫的泡沫，

就是所有藝術作品的誕生。

——《荒野之狼》

真正的創作使人孤獨，

要求創作者犧牲人生的樂趣。

——《青春之歌》

他身上有股衝動，

想同時成為聖者與放蕩者，

但因為怯懦與怠惰，

無法躍入自由、無垠的世界，

而永遠被拘限於大地上，

過著一般的市民生活。

這是他在地上的狀態，

也是他的命運。

大多數知識分子和藝術家都是屬於這個類型。

——《荒野之狼》

「我們思想家藉著使世界與上帝分離，力求接近於神。

你們藝術家愛上帝的創造物，藉著重新將之創造，

力求接近於神……

「我們的思索是抽象的，

無視於感覺而嘗試建設純粹的精神世界。

你們正好與此相反，

取材自最易變的虛幻之物，

宣揚存在於無常之中的世界之意義。

你們太過熱中而無法漠視無常。

藉著獻身，你們使其達到崇高而接近永恆。」

——《那奇斯和歌爾特蒙德》

思想家運用邏輯學，

試著去認識、表達世界的本質，

但他知道人的智慧和作為工具的邏輯學是不完美的器械。

同樣地，聰明的藝術家也非常了解自己的畫筆和鑿子，

絕對無法完全表達出天使和聖者光輝的本質。

但是，思想家和藝術家仍藉著各自的做法，試著去表達。

他們除了這麼做，別無它法。

因為人類藉著天賦，才能實現自我，

達到自己能完成的最崇高且唯一的意義。

——《那奇斯和歌爾特蒙德》

藝術家為了自己的藝術而辛苦，

越是認真，越能接近目標。

透過所有的藝術，

可以尋覓出最極致的境界，

或稱之為對人生之意義的信念，

賦予人生意義的勇氣。

到達此境界的道路有很多階段，

既蜿蜒又難行，卻很有意義。

——《書簡》

所謂藝術家，遺憾的是，

他們並不像世俗人所想像的，

是隨興之所致，會偶爾丟開藝術的快樂紳士，

他們大部分都是被無用的財富所窒息，

耐不住想發抒自我理念的可憐人。

所謂幸福的藝術家，

那是個謊言，是痴人說夢。

很顯然，藝術家的生活必然非常不幸。

藝術家在飢腸轆轆時打開袋子一看，

袋子中放著的總是珍珠而已。

——《青春之歌》

藝術家和思想家的道路是值得獻身的美麗之路。

對真理和美的愛，想要進入美之國度的熱望，

心中強烈希望承受此光芒的人，

在日常生活中可能經常孤獨，不被理解而終其一生。

或許他有好幾次會回返少年時代反抗而毫無責任的狀態，

但他的命運仍是高貴、意義深遠的，

付出任何犧牲也在所不惜。

——《書簡》

我對我的生涯、生活繼續懷有憧憬。

那不是規格化、機械化的生活，

而是真實、個人、充滿力量的生活。

和別人一樣，我為了獲得更多個人的自由，

也不得不犧牲很多，

因此我必須做出更好的成績。

詩人這個職業不只是接近我理想生活的輔助，

我的自我的目的也幾乎都由此產生。

我成為一個詩人，而不是一個人，

只達到部分目的，還未達到主要目的。

我在中途已遭到挫折。

我的詩作是個人式的，

對我本身而言，常是高興的事。

但我的生活並非如此，

我的生活不過是工作的準備罷了。

我透過非常孤獨的生活所付出的犧牲，

不是為了生活之故，而是為了文學。

我的生活之價值在於創作文學之時，

在於訴說我自己不完美而絕望的生活之時。

——《書簡》

詩人透過詩句的節奏，

讚美生命的美好與恐怖，

音樂家演奏、歌頌純粹的曲調，

引導我們行走在淚水和緊張之中，

他們都是給予世界喜悅和明朗之人。

用詩句吸引我們的詩人，

事實上他或許悲哀而孤獨；

音樂家或許是憂鬱的夢想家，

他的作品卻可說是神與星辰光明的一部分，

他給我們的不是黑暗、煩惱、不安，

是清澈的光明、永遠的愉悅。

——《玻璃珠遊戲》

對藝術家而言，

除了完成自己的藝術之外，

並沒有向什麼事「挑戰」的意義。

當然，有的藝術家同時是改良者、鬥士、傳教士。

但其努力是否成功，不在於其信念與熱望，

而在於其身為藝術家之業績的本質上。

——《書簡》

不管哪位藝術家，

在他們的作品中所表現出的高貴、崇高、理想，

在他們自己的生活中，完全或幾乎無法實現。

那是多麼奇妙而恐怖的事。

——《關於憑空想像》

我不只感覺敏銳，也是個藝術家。

我用素描、旋律、詩，

努力於嘗試把得自於世界的影像和經驗，

重新創造成獨特的作品。

喜愛生命甚於死亡，

是源自藝術家的喜悅和好奇心。

——《書簡》

「年輕人！想成為畫家，首先別忘了要吃飽；

第二，注意消化、排泄要正常；

第三，經常要有個漂亮、可愛的女朋友。」

——《克林古蘇爾最後之夏》

即使任何人都明瞭那是不可能的，

我們也要完成義務，

就算最後必須殉教也無所謂。

（依情況所可得到的最有效的犧牲）

我們必須竭盡所有方法，

去達成那件不可能的事。

身為詩人，要他人真正了解我，

為了影響少數人，

在此以金錢和戰爭為架構的世界之中，

必須努力維持精神化的生活，

至少對那樣的生活要保持憧憬。

在大砲和擴音器的聲音中，吹奏小橫笛，

接受我們沒有希望又可憐的行為，

是我們必須具備的勇氣。

——《書簡》

第三節
幽默與音樂

幽默家不管想寫什麼，
他們的書名和主題全都只是個藉口，
實際上總是只有一個主題而已。
那是人類生活的奇妙悲哀，
和想要原諒這種悲哀的情況。
人類的生活沾滿糞尿。
儘管如此，對這個可悲的人生中
仍有可能存在著美麗、貴重之物，
仍會感到訝異。
——《紐倫堡遊記》

只有笑，
只有認真地不拘泥於現實，
只有永遠知道現實是易碎的，
才能耐得住現實。
——《紐倫堡遊記》

幽默，

是苦惱的人為了忍受或讚美痛苦的人生，
所生發的產物。
——《紐倫堡遊記》

在現世中如同離群索居，

遵守法律也超越法律，

擁有如同一無所有，

放棄如同不放棄——

以高明的處世術實現正道者，

唯幽默能得之。

——《荒野之狼》

越偉大的喜劇演員，

越能將我們人類的愚蠢表現出來。

越能用喜劇的方式表現煩惱的命運，

越能惹我們大笑不止。

——《紐倫堡遊記》

柔和的音樂啊！

所有遊戲中最幸運的東西啊！

音樂的森林啊！

旋律的蔓草啊！

除你之外，從其他任何女神身上，

得不到那麼多安慰和充滿痛苦及真理的喜悅。

——《詩集·熱病》

兩個人，

沒有任何情境比在演奏音樂時，
更容易成為朋友。

——《玻璃珠遊戲》

啊！音樂！心中浮現某個旋律，

不出聲音，只在心中默唱，

將整個身心浸淫於其中，

旋律控制了所有力量和動作——

在心中盤旋的數秒之間，

一切偶然、惡劣、粗野、悲哀的事全都消失了蹤影，

使世界產生共鳴，重物變輕，

不會飛的東西也添加了羽翼。

——《青春之歌》

「我聽音樂只喜歡聽像你所彈的這種沒有束縛的音樂。

一聽到這種音樂，就覺得人在天堂和地獄之間擺盪。

我喜歡音樂，不是音樂具有道德性，

乃因其它東西具有道德性。

我想追求沒有道德的東西，

但我總是被道德性的東西所折磨。」

——《德密安》

悲劇和幽默絕非對立。

只有在悲劇切實地追求幽默時才會產生對立。

——《紐倫堡遊記》

幽默，

自古以來就是理想和現實的仲介者。

——《紐倫堡遊記》

我一聽到巴哈的《馬太受難曲》，

充滿神祕世界之黑暗、堅強的苦難之光輝，

以所有神祕性的戰慄滲入我的心。

現在我仍可在音樂或「上帝是至上」的樂曲中，

看到所有詩、所有藝術表現的神髓。

——《德密安》

像我們這樣的人，

一輩子走在絕望的迂迴之路上，

使用世上複雜的隱語，想要獲得一些愛和理解，

結果只招來絕望和失敗。

儘管如此，我心中仍抱著一個信念——

我們所作的音樂具有某種意義，是得自天上之物。

——《書簡》

蕭邦！充滿鄉愁、憧憬和回憶的音樂。

其背後是巴黎。

不是今天的巴黎，

是更諷刺、感傷的另一個巴黎，

有別的桌布及衣服的蕭邦和海涅存在的巴黎。

——《波登湖》

啊！人生為何這麼混亂、離譜，充滿虛偽！

為何人類之間只有謊言、惡意、嫉妒和憎恨？

我不是已明白地告訴你，不管多麼短、多麼恭謹的歌，

只要演奏出澄澈、和諧的樂音，就能開啟天國之門。

　　——《青春之歌》

沒有比在黃昏時分，一個人行走於原野的道路，

聽到從某間孤寂的屋中傳來的音樂，

更優美，更令人嚮往。

　　——《關於古典音樂》

貝多芬擁有關於幸福、智慧和調和的知識，

但那並不能發現平坦的道路，

只是在沿著深淵的道路上綻放花朵。

人們不能微笑地摘下花朵，

只能噙著淚水，苦惱而疲乏地摘取。

在他的交響樂和四重奏中，

從真正的悲慘和絕望中，

有某種東西充滿無限的感動、天真、柔和與光輝。

那種東西是對意義的期待和關於救贖的知識。

　　——《關於杜思妥也夫斯基》

赫塞簡略年譜

·一八七七年七月二日　誕生

生於南德‧休瓦本的小鎮卡爾夫。那是一個傍沿著拿古爾河的美麗鄉鎮，真正的含意是「赫塞的故鄉」。赫塞是一個一輩子一直寫著有關自己之境遇的作家，在許多作品中都描寫過卡爾夫及其周圍的風景，且多用格爾巴斯奧這個地名取代。他的父親約翰‧赫塞（一八四七～一九一六年）生於愛沙尼亞，十八歲時前往瑞士，加入巴塞爾教會。二十二歲時遠渡印度，從事傳道工作。但因健康不佳，三年後回國。然後移居卡爾夫，幫助赫爾曼‧根德爾特的新教出版事業。

· 赫塞出生的故鄉卡爾夫小鎮

母親瑪麗・根德爾特（一八四二～一九〇二年）生於印度，在瑞士度過少女時代。十五歲時前往印度，與父母同住。後來，父親因病暫時回國，其間與英國傳教士查爾斯・愛森巴克訂婚。第三次到印度時結婚。丈夫病倒後，夫妻倆帶著兩個兒子返國。瑪麗二十八歲時，丈夫病逝。一八七四年，與父親赫爾曼・根德爾特的助手約翰相識而再婚。當時瑪麗三十二歲，約翰二十七歲。

　　兩人在翌年生下長女阿德蕾。在赫塞的兄弟姊妹中，她和他感情最好。赫塞的《給阿德蕾的信》（一九四九）和《追憶阿德蕾》（一九四六）是追憶姊姊的情感之作。

・赫塞十二歲時的全家福

・一八八〇年　三歲

妹妹瑪爾拉出生。一九五三年，他寫了〈為了瑪爾拉〉一文，回憶因不幸而死的妹妹。

・一八八一年　四歲

赫塞一家搬到瑞士的巴塞爾，父親在此擔任教會學校的老師。他以〈乞丐〉這篇文章，敘述在巴塞爾時代的童年生活。

・一八八二年　五歲

弟弟漢斯出生。《美麗的青春》中所描寫的弟弟是遊

・四歲時的赫塞

戲天才，不喜歡讀書，後因對生活失去自信而自殺。〈追憶漢斯〉中有詳細的記載。

這一年，寫出像詩的東西，記在母親的日記裡。

・一八八四年　七歲

進入巴塞爾的密遜小學。

・一八八六年　九歲

赫塞一家再次回到卡爾夫。到十三歲為止，就讀於卡爾夫小學和拉丁語學校。《車輪下》、《德密安》、《童心》、《回憶少年時》，皆以此四年的少年時代為題材。

・一八九〇年　十三歲

就讀哥賓根的拉丁語學校，作為投考神學院的預備。拉丁語學校以拉丁語課為主，相當於中學乃至高中。描寫這家學校之生活的作品有《拉丁語學校的學生》。

・《希達塔》的插畫　　・《德密安》初版

・一八九一年　十四歲

進入毛布農神學院。《車輪下》詳細記載了從拉丁語學校到神學院的一段生活。此外，關於毛布農神學院的作品有《那奇斯和哥爾特蒙德》、《玻璃珠遊戲》等。

・一八九二年　十五歲

春，因逃離神學院而遭到退學。父母悲歎萬分。但外祖父赫爾曼·根德爾特表示歡迎說：「聽說你去天才旅行了。」「天才旅行」是學生用語，意指學生的反抗行動。其後，他被帶到牧師布爾姆哈爾特身邊。因神經衰弱，曾經自殺未遂。在哥賓根的巴奧教授、謝爾牧師的教導下，逐漸恢復。

・一八九三年　十六歲

外祖父赫爾曼·根德爾特去世。他因受到外祖父極大的精神感化，以「祖父」為題，寫了一篇文章。

入堪休塔特高中就讀。一年後又遭退學。去埃斯林根書店當店員，但持續不到三天。其後，幫忙父親的出版事業，並熱中於讀書。

・一八九四年　十七歲

六月，成為卡爾夫佩洛特鐘錶工廠的學徒，他的工作是磨鐘塔時鐘的齒輪。（參考《車輪下》）

・一八九五年　十八歲

秋，辭去學徒的工作。十一月，去杜賓根的赫肯豪爾書店當店員。喜歡讀歌德的作品及德意志浪漫派文學，耽

於寫詩。此時所寫的詩，收錄在以後的《浪漫詩集》中。

· 一八九九年　二十二歲

在德勒斯登的畢爾森出版社自費出版了處女詩集《浪漫詩集》，〈我的星辰〉便是其中之一。接著由萊比錫的第底利西斯出版社發表散文集《夜半後的一小時》。銷路雖不佳，但深受有識者好評，也受到利爾凱讚賞。

秋，轉往瑞士巴塞爾來希書店任職。起先在販賣部，後轉到舊書部。

· 一九○一年　二十四歲

二月，訪問故鄉卡爾夫。（參考《美麗的青春》）第一次到義大利旅行。由他開始，來希書店出版了《赫曼·

· 二十一歲時的赫曼·赫塞

勞謝》。起先以赫塞所編的「赫曼・勞謝的遺稿文和詩」為題出版，增補新版時，改為上述書名。一般評論都很好，賣得也不錯。

・一九〇二年　二十五歲

　　《詩集》收錄在卡爾魯・布塞所編的叢書《新德意志抒情詩人》第三卷，由古魯提出版社出版。後以單行本問世。一九五〇年改名為〈青春詩集〉。〈越過原野〉、〈在霧中〉、〈白雲〉即為集中的作品。

　　四月二日，母親瑪麗去世，於是寫〈給母親〉一詩獻給她。

・一九〇三年　二十六歲

　　辭掉來希書店的工作。第二次到義大利旅行。因瑞士

・現存於卡爾夫鎮的赫塞家

作家鮑魯‧伊克的介紹，認識柏林出版者Ｓ‧裴謝。他鼓勵赫塞創作新作品。

‧一九〇四年　二十七歲

《鄉愁》由裴謝社出版，從一九〇一年起寫了三年，一九〇三年在裴謝社《新評論》雜誌上發表，大獲好評，一躍而奠定新進作家的地位。赫塞以後的作品，大部分都由裴謝社出版。八月，和一個攝影師的女兒瑪麗亞‧佩諾莉結婚。九月，定居於波登湖畔的凱思赫芬。夫人是一位鋼琴家。

同年，由柏林的休斯塔‧溫特‧雷夫拉社出版兩篇傳記性小品《薄伽丘》、《聖方濟》。

‧一九〇五年　二十八歲

長男布魯諾出生。長大後成為畫家。

《車輪下》在《新蘇黎世報》連載。執筆許多中篇、短篇、隨想，先後收集在《寓言集》、《小世界》中。《鄉愁》獲得包耶倫費特獎。

‧一九〇六年　二十九歲

《車輪下》由Ｓ‧裴謝社出版，獲得很大的成功。

‧一九〇七年　三十歲

和諷刺作家魯特維希‧脫瑪、新聞編輯庫特‧阿拉姆、出版家阿爾貝特‧蘭根共同編輯了每月兩次的《三月》雜誌，由阿爾貝特‧蘭根社出版，直到一九一二年為止。《美麗的青春》在此年發表於這家雜誌。

中短篇小說集《此岸》由裴謝社發行，收錄〈從幼年時代起〉、〈大理石工廠〉、〈枯草之月〉、〈拉丁語學校的學生〉、〈秋的徒步旅行〉等五個作品。

　　在凱思赫芬另築新家。此事詳載於《回憶草》中的〈遷移新居之際〉。

・一九〇八年　三十一歲

　　短篇集《鄰人》由裴謝社出版，收錄了〈婚約〉、〈加利巴爾第〉、〈瓦爾塔・肯布〉、〈在以前的太陽軒〉、〈愛哲南〉等五個作品。

・赫塞（28歲）與第一任太太瑪莉亞合影

《庫奴爾布》第一個故事〈早春〉，由諾耶‧倫多夏社發表。

・一九〇九年　三十二歲

次男海納出生，後來成為室內設計師。

在布拉溫休維克拜訪維爾赫姆‧拉別。《回憶草》（一九三七年）中〈訪問某詩人〉一文即記載此事。在布萊門演講《浮士德和查拉圖斯特拉》。

・一九一〇年　三十三歲

《貝爾特爾德》由阿爾貝特‧蘭根社出版。書中主角

・三十三歲時的赫曼‧赫塞

為音樂家。此時和音樂家，尤其是瑞士作曲家奧圖曼・謝克締結深交。

・一九一一年　三十四歲

三男馬爾丁出生，以後成為攝影家。

詩集《途上》由格歐爾克・休拉社出版。開始編輯美利凱的詩集。

夏，與畫家漢斯・休脫爾森耶格魯為伴，到亞洲旅行，遊歷了新加坡、南蘇門答臘、錫蘭，年底回國。旅行的動機是想逃避歐洲、對東方的憧憬、打開家庭生活的僵局等。此次旅行的收穫有〈蘇伊士運河之夜〉等二十一篇短遊記、十一篇詩、小說〈羅巴特・阿幾翁〉，記錄在《印度紀行》（一九一三年）一書中。

・一九一二年　三十五歲

借住畫家維爾提位於瑞士伯恩附近的家。

短篇小說集《迂迴路》由裴謝社出版，收錄了〈拉第格魯〉、〈歸鄉〉、〈世界改良者〉、〈耶密爾・哥爾夫〉、〈馬提阿斯神父〉等五篇。

・一九一三年　三十六歲

亞洲的旅行報告《印度紀行》由裴謝社出版。但書中遊歷之地雖包括印度，二十一篇短遊記中大部分記載的是馬來亞、新加坡及南蘇門答臘的風土民情。

・一九一四年　三十七歲

描寫藝術家家庭生活悲劇的《羅斯哈爾地》由裴謝社

出版。

　　第一次世界大戰爆發兩個月後，在《新蘇黎世報》發表〈啊！朋友，停止那樣的調調吧！〉短文。由於反對極端的國家主義，被視為賣國賊，遭德國新聞雜誌界排斥。在伯恩為德國俘虜慰問事業局工作，從事壁報、圖書的編輯、出版、寄送等事務。

・一九一五年　三十八歲

　　出版《庫奴爾布》（裴謝社）、詩集《孤獨者的音樂》（羅伊斯・溫特・伊塔社）、小品集《路傍》（查爾扎社）。《路傍》收錄了〈六月之夜〉、〈狼〉、〈美爾亨〉等九篇作品。

・第一次大戰前的赫塞

八月，羅曼‧羅蘭來訪，開始了多年的友誼。（參考《赫塞、羅蘭往來書簡》）

　　‧一九一六年　三十九歲

　　《美麗的青春》由裴謝社出版，包括〈旋風〉一文，全都是在凱思赫芬時所寫。參加《德意志扣留者新聞》的編輯。

　　三月，父親約翰‧赫塞去世。辦理煩雜的手續，越過國界參加葬禮。〈追憶父親〉一文收錄在《小庭院》中（一九一九年）。么子馬爾丁病重，妻子因精神病嚴重入院。赫塞自己也苦於神經衰弱，住進魯柴倫近郊的松麻特療養院治療。

‧赫塞終生至友羅曼‧羅蘭

・一九一七年　四十歲

發表了〈給國務大臣的信〉、〈如果戰爭再繼續兩年〉、〈會達到和平嗎？〉等評論、隨想。並開始執筆《德密安》。

・一九一八年　四十一歲

發表了〈如果戰爭再繼續五年〉、〈歐洲人〉、〈戰爭與和平〉、〈世界史〉、〈國家〉、〈愛之道〉等評論、隨想。全都收錄在《關於》（一九二八年）一書中。

・一九一九年　四十二歲

以辛克萊的筆名發表《德密安》，引起戰後人心熱烈的反應，獲頒新作家方達內獎。但很少人知道這是赫塞的作品，所以辭獎不受。次年從第九版起，改為赫塞所作。《查拉圖斯特拉的重生》、《給德國青年的話》和《因為一個德國人》由伯恩的休姆布利社出版。次年第二版起改為赫塞所作。《美爾亨》由裴謝社出版，收錄〈奧古斯特斯〉、〈詩人〉、〈別的星球來的不可思議之信息〉、〈愛麗絲〉等七篇小品。隨筆《小庭院》由維也納的塔爾社出版。

為了新德意志精神，和瓦爾雷克共同主編《呼喚生存者》月刊，直到一九二三年為止。

同年春天和妻子分居，孩子寄於他處。在梭連哥停留一陣子之後，移居南瑞士魯卡諾·夢塔諾拉的卡查·卡姆芝，專心創作《庫拉因和華格納》、《克林古蘇爾最後之

夏》等。

・一九二〇年　四十三歲

　　《混沌中之透視》由傑魯特維拉社出版，書中收錄了
一篇〈論杜思妥也夫斯基〉。《漂泊》由裴謝社出版，收
錄了遊記、隨想、詩和水彩畫。《畫家之詩》由傑魯特維
拉社出版，收錄了詩和水彩畫。過了四十歲以後，開始熱
心於繪畫。《克林古蘇爾最後之夏》由裴謝社出版，收錄
了小說集《童心》、《庫拉因和華格納》。

・赫塞的素描作品　蒙塔諾拉的家

・一九二一年　四十四歲

　　《詩選集》由裴謝社出版。《帖欣的十一張水彩畫》出版。

・一九二二年　四十五歲

　　釋尊傳《希達塔》由裴謝社出版。這是自年輕時代即開始的對印度之憧憬的集大成之作。《古怪的故事》系列中收錄了日本的故事。

・一九二三年　四十六歲

　　九月，和分居的太太瑪麗亞夫人正式離婚。為了治療坐骨神經痛和風濕病，常去巴登溫泉（參考《療養客》）。並取得瑞士國籍。《辛克萊的備忘錄》由拉夏社出版，收錄了〈歐洲人〉、〈任性〉等從一九一七年以後所作的評論。

・一九二四年　四十七歲

　　和女作家琍查・維恩佳的女兒魯特・維恩佳結婚。三年後離婚。

・一九二五年　四十八歲

　　《療養客》由裴謝社出版。本書為巴登溫泉的隨想記錄，前年曾以「溫泉場心理學、巴登溫泉場的諷刺」為書名自費出版。童話《匹克托爾的化身》由謝姆尼芝社出版。從一九二二年起，加上自己繪的插圖，分發給希望得到的人。他所編輯的「赫爾德林和諾瓦利思的生活記錄」出版。

秋，到南德做演講旅行。在慕尼黑訪問托馬斯·曼（參考《紐倫堡遊記》，一九二七年）。至一九三一年為止，冬天都住在萩里希。

　　「沒多久以前，有一位年輕婦人寫信給我，問我《荒野之狼》的魔幻劇場到底想談什麼？她說她對諸如吃鴉片而神智不清地嘲弄自身等等內容感到極度失望。我回信請她再看一下那個地方，以及我以前曾經寫過的文章。對我而言，沒有比那個魔術劇場更重要而神聖的東西，那是非常有價值的比喻和假托，希望她能了解。其後，這位婦人再度寫信給我，說：『這次我了解了。』」

·一九二六年　四十九歲

　　《風物帖》由裴謝社出版，是〈波登湖〉、〈義大

·赫塞與托馬斯·曼

利〉、〈印度〉、〈帖欣〉、〈雜〉等五篇作品結集而成的簡短印象記。

・一九二七年　五十歲

和魯特・維恩佳離婚。

《紐倫堡遊記》由裴謝社出版。《荒野之狼》由裴謝社出版。赫塞五十歲生日時，傅高・巴爾發表了《赫塞傳》。沒多久，巴爾即去世。赫塞寫了〈追悼傅高・巴爾〉一文紀念這位友人。

・一九二八年　五十一歲

《關於》由裴謝社出版，收錄了一九〇四年以後的評論感想四十多篇。《危機・一篇日記》詩集由裴謝社以「限定版」發行。

・一九二九年　五十二歲

詩集《夜的安慰》由裴謝社出版，收錄了一九一一年以後的詩。《世界文學圖書館》在雷克拉姆文庫刊行，是閱讀世界文學的入門書。

・一九三〇年　五十三歲

《那奇斯和歌爾特蒙德》由裴謝社出版。出版前，已登在《新評論》雜誌上，加了「友情的歷史」這個副題。書中增加了一九〇七年出版的《此岸》中〈美麗的青春〉、〈旋風〉、〈昔日的太陽軒〉等三篇的修訂稿，以決定版發行。

・一九三一年　五十四歲

　　詩集《四季》由弗雷社出版，收錄了十篇詩。合《希達塔》、《童心》、《庫拉因和華格納》、《克林古蘇爾最後之夏》，以「朝向精神方面的道路」為書名出版。

　　八月，搬到蒙塔紐拉的新居（參考《遷入新居之際》）。十一月，和妮儂・多爾賓（一八九五年）結婚。新夫人出生於羅馬尼亞，國籍為奧地利，主修美術史。

・一九三二年　五十五歲

　　《東方之旅》小說由裴謝社出版。關於歌德的兩篇評論，發表於《神學片斷》以及《我的信仰》。

・一九三三年　五十六歲

　　《小世界》由裴謝社出版。以「鄰人」、「迂迴路」為書名，出版初期小說集決定版。希特勒政權成立。盡己所能幫助逃亡者並籌措救濟資金。

・一九三四年　五十七歲

　　詩選集《從生命之樹》在因傑爾文庫出版。《玻璃珠遊戲》的序章和《乞雨師》發表於新評論雜誌。被要求把《世界文學圖書館》中的猶太作家剔除掉，重出改訂版。但赫塞寧可讓它絕版。

・一九三五年　五十八歲

　　《庭院中的時間》由維也納貝爾曼・裴謝社出版，獻給姊姊阿德蕾，作為六十歲的紀念。貝爾曼・裴謝是Ｓ・裴謝的女婿，受納粹政權壓迫，到國外繼續其事業。寫

《追憶漢斯》。從一九一四年起，開始寫未完成的《夢之家》，由歐爾丁社出版。同時獲得瑞士最高文學獎歌特弗利特・凱勒獎。

・一九三七年　六十歲

隨想集《回憶草》、《新詩集》由裴謝社出版。《新詩集》主要是收錄一九三三年以後的詩歌。牧歌《痀瘻病的少年》由弗雷芝社出版，作為自己六十歲的紀念。

・一九三八年　六十一歲

只發表《回憶克林古蘇爾最後之夏》中的短文。

・赫塞與第三任妻子妮儂散步

・一九三九年　六十二歲

　　到一九四五年為止，被烙下「德國不受歡迎的作家」之印記，斷了出版作品用紙的配給。

　　自費出版《十行詩》。

・一九四一年　六十四歲

　　赫塞的作品在德國已經不能出版，取得了裴謝社在德國的繼承人佩塔・茲爾坎普的諒解，由荻里希的弗雷茲社出版。第一部作品是《夜半過後的一個鐘頭》。

・一九四二年　六十五歲

　　《全詩集》由弗雷茲社出版，幾乎收錄了所有的詩。

・書房裡的赫塞

・一九四三年　六十六歲

　　《玻璃珠遊戲，遊戲名人約瑟夫・尼克傳記的嘗試，克尼的遺稿》全二卷，由弗雷茲社出版。從一九三一年執筆，寫到一九四二年為止，是最後一篇大作。

・一九四五年　六十八歲

　　一九〇七年所寫的片段文章《貝爾特爾德》出版。詩選集《開花的枝芽》出版，獻給姊姊阿德蕾（參考《利幾日記》）。新短篇和童話集《夢之後》全都交由弗雷茲社出版。

・一九四六年　六十九歲

　　第二次世界大戰結束，赫塞的作品再次由裴謝社的後身茲爾坎普社重新出版。《感謝歌德》由克拉森社出版，合《歌德論》和《歌德詩抄》而成。八月，在法蘭克福獲得歌德獎。《戰爭與和平》由弗雷茲社出版，是一九一四年以後有關戰爭和政治的評論集。

　　秋，獲得諾貝爾文學獎。因病未親臨頒獎會場。《晚年之詩》自費出版。

・一九四七年　七十歲

　　安德魯・紀德來訪。接受伯恩大學名譽博士的稱號。發表了《給日本年輕同事的信》。

・一九四八年　七十一歲

　　整理了〈夜半過後的一個鐘頭〉、〈諾瓦利思〉、〈赫曼・勞謝〉三篇，以「初期的散文」為書名，由弗雷

茲社出版。

・一九四九年　七十二歲

　　編輯了與故鄉卡爾夫有關的小說兩卷，以「格爾巴斯奧」為書名，由溫達利希社出版。

・一九五〇年　七十三歲

　　在布朗休外克市獲贈拉貝獎。慶祝托馬斯・曼七十五歲的生日。

・一九五一年　七十四歲

　　從裴謝社分出而自立門戶的茲爾坎普社開始出版赫塞全集。《後期的散文》由茲爾坎普社出版，收錄了〈被偷的皮箱〉、〈乞丐〉、〈幸福論〉等。收集一九二七～五九年的書信而成《書簡集》，由茲爾坎普社出版。

・休閒小憩（右二為夫人妮儂）

・一九五二年　七十五歲

　　茲爾坎普社出版了六卷版全集。在德國和瑞士銀行舉行了盛大的七十五歲慶祝會。在休圖特卡爾特舉行的慶典中，赫塞所做的演講整理成《感謝赫塞》一書。紀念集，《兩首牧歌》（收錄了已出版的《痀瘻病的少年》和《庭院中的時間》）出版。

・一九五三年　七十六歲

　　妹妹瑪爾拉去世，寫追悼文〈為了瑪爾拉〉。

・一九五四年　七十七歲

　　《赫塞、羅蘭往來書簡》由弗雷茲社出版，收錄了兩人自一九一五～四〇年書信的往來。獲西德侯伊斯總統頒贈勳章。

・一九五五年　七十八歲

　　獲得德意志出版社所頒的和平獎。晚年的散文續刊《喚回過去》由茲爾坎普社出版。以《帖欣的水彩畫》為書名的水彩畫及水彩畫論由克萊田社出版。

・一九五六年　七十九歲

　　卡爾斯爾耶設立了赫曼・赫塞獎。

・一九五七年　八十歲

　　慶祝八十歲生日。茲爾坎普社所出版的全集（六卷）增補了《觀察書簡》等，合為七卷。

・一九五九年　八十二歲

　　出《書簡集》的增補版。

・一九六〇年　八十三歲

　　《赫塞紀念冊》由茲爾坎普社出版，為蒐集了赫塞所有照片而成的照片集。

・一九六一年　八十四歲

　　新詩選《階段》由茲爾坎普社發行。

・一九六二年　八十五歲

　　八月九日，腦溢血，於睡夢中逝世，安葬於路加諾湖畔聖阿邦第歐教堂墓地，結束了八十五年的生涯。

・沉思中的赫塞

‧赫塞死後安葬於路加諾湖畔聖阿邦第歐教堂墓地

國家圖書館出版品預行編目資料

赫塞格言集，林郁主編，　初版，新北市，
新視野 New Vision，2019.12
　　面；　　公分 --
　　ISBN 978-986-98435-1-5（平裝）
1.赫塞（Hesse,Hermann, 1877-1962）2.格言

192.8　　　　　　　　　　　　　　108018563

赫塞格言集

主　　編　林郁
出　　版　新視野 New Vision
製　　作　新潮社文化事業有限公司
　　　　　電話 02-8666-5711
　　　　　傳真 02-8666-5833
　　　　　E-mail：service@xcsbook.com.tw

印前作業　東豪印刷事業有限公司
印刷作業　福霖印刷有限公司

總 經 銷　聯合發行股份有限公司
　　　　　新北市新店區寶橋路 235 巷 6 弄 6 號 2F
　　　　　電話 02-2917-8022
　　　　　傳真 02-2915-6275

初版一刷　2019 年 12 月